La philosophie arabe

La philosophie arabe IXe-XIVe siècle

Textes choisis et présentés
par Pauline Koetschet

Points Essais

Ce livre est publié dans la série
« Bibliothèque »

ISBN 978-2-7578-0937-2

Note

Nous avons choisi le système de translittération suivant :

أ	’ *ou* ā	ض	ḍ
ب	b	ط	ṭ
ت	t	ظ	ẓ
ث	ṯ	ع	‘
ج	ǧ	غ	ġ
ح	ḥ	ف	f
خ	ḫ	ق	q
د	d	ل	l
ذ	ḏ	م	m
ر	r	ن	n
ز	z	ه	h
س	s	و	w *ou* ū
ش	š	ي	y *ou* ī
ص	ṣ		

Introduction

Au début de son commentaire des *Lois* de Platon, et après avoir souligné l'obscurité volontaire du style platonicien, al-Fārābī explique ainsi le but qu'il s'est fixé dans son ouvrage :

> Nous nous sommes donc résolus à extraire les notions qu'il a indiquées en ce livre et à les regrouper selon ses traités, afin que cela soit une assistance pour qui veut prendre connaissance de ce livre et une aubaine pour qui ne supporte pas les peines de l'étude et de la réflexion[1].

Dans ce recueil de textes, et à notre mesure, nous souhaitons nous inscrire dans le sillage du philosophe, et destinons ce livre à constituer une introduction à la philosophie arabe médiévale. Même si ce n'est pas l'obscurité du style des philosophes qui est en cause, il s'agit bien de tenter de livrer quelques clés, sous forme d'un parcours thématique, au lecteur désireux de rentrer dans le monde foisonnant des idées philosophiques qui virent le jour à Bagdad, Damas, Hamadan ou encore Cordoue.

1. Al-Fārābī, *Le Compendium des* Lois, *Philosopher à Bagdad au* x[e] *siècle*, trad. Stéphane Diebler, Paris, Seuil, « Points Essais », 2007, p. 140.

Ce livre ne se présente donc pas comme une anthologie de la philosophie arabe médiévale, tâche ardue s'il en est, mais comme une introduction offrant au lecteur l'occasion d'accéder directement aux sources.

Il est nécessaire de dépasser l'insatisfaction provoquée par deux façons d'envisager la place de la philosophie arabe dans l'histoire de la philosophie, des Grecs à la philosophie occidentale moderne. La première de ces deux perspectives considère la philosophie arabe comme une entité isolée inassimilable à l'histoire de la philosophie occidentale. Issue d'un champ de référence qu'on perçoit comme irréductiblement lié à la révélation et à une doctrine surnaturelle de la connaissance, la philosophie arabe est détachée de la pensée grecque et, du même coup, de l'histoire de la philosophie tout entière[1]. La seconde approche ne voit rien d'autre dans la philosophie arabe que la philosophie grecque en langue arabe, et les philosophes arabes sont alors considérés au mieux comme de simples vecteurs de transmission, auxquels il est impossible de reconnaître une démarche philosophique propre, au pire comme des miroirs déformants de la philosophie grecque[2]. La philosophie n'aurait fait que passer par le monde arabe, d'autant plus que, considérée comme une science étrangère car non islamique, elle n'aurait jamais trouvé l'appui des autorités. Ces deux opinions sont en réalité assez proches l'une de l'autre, car elles présupposent toutes deux que la philosophie

1. Voir, encore récemment, la thèse défendue par Sylvain Gouguenheim, selon laquelle le « filtre islamique » empêcha les penseurs musulmans, que l'auteur oppose aux savants chrétiens, de s'approprier la pensée grecque : « La grande majorité de ces *falâsifa* conservèrent avec la pensée grecque une certaine distance, liée à leur foi ». Voir Sylvain Gouguenheim, *Aristote au Mont-Saint-Michel. Les racines grecques de l'Europe chrétienne*, Paris, Seuil, 2008, p. 147.

2. Cette idée remonte à l'ouvrage d'Ernest Renan, *Averroès et l'averroïsme*, *Œuvres complètes*, t. III, Paris, Calmann-Lévy, 1949, p. 17.

est, en langue arabe, en terrain étranger. D'ailleurs, elles partagent l'opinion selon laquelle la philosophie arabe est identifiable à une philosophie grecque pliée aux contraintes non philosophiques de la religion musulmane ou animée par l'intention nouvelle de produire les justifications rationnelles de celle-ci. Au contraire, nous espérons que les textes présentés ici montreront assez bien que le moment arabe constitua une étape essentielle de l'histoire de la philosophie.

Falsafa et philosophie grecque : les enjeux de la transmission

Pour dépasser ces deux idées, il est nécessaire de revenir à l'extraordinaire mouvement de traduction des textes scientifiques et philosophiques grecs en arabe (le syriaque constituant souvent une étape intermédiaire) qui se déroula du milieu du VIIIe siècle à la fin du Xe siècle dans l'Empire abbasside et sa capitale Bagdad, et dans lequel la philosophie arabe médiévale a ancré son dynamisme. L'immense majorité des textes grecs disponibles dans l'Empire byzantin sont concernés. Qu'il nous soit permis d'en citer ici une partie seulement.

Le cœur de l'héritage grec est constitué par la quasi-intégralité des œuvres du « premier maître », Aristote (parmi lesquelles l'*Organon*, la *Métaphysique*, l'*Éthique à Nicomaque*, *De l'âme*), et de ses commentateurs (par exemple Alexandre d'Aphrodise et Thémistius). La réception de Platon fut plus fragmentaire, mais elle comprend notamment les traductions du *Timée* et des *Lois*, ouvrage fondateur de la philosophie politique chez les philosophes arabes à travers le commentaire qu'en fit al-Fārābī. Les écrits des néoplatoniciens marquèrent aussi profondément la philosophie arabe, à travers la *Théologie d'Aristote*

– en fait une paraphrase des livres IV-VI des *Ennéades* de Plotin[1] – ou encore une paraphrase des *Éléments de théologie* de Proclus (ouvrage connu sous le nom du *Bien pur* par les philosophes arabes).

Les motivations historiques, sociales et intellectuelles de ce mouvement sont déterminantes pour comprendre le rapport de la philosophie arabe à l'héritage grec. Dans son livre *Pensée grecque, culture arabe*, Dimitri Gutas montre ainsi que c'est le développement intellectuel qui a créé la demande de traductions abouties au début de l'Empire abbasside et non le contraire :

> Ce fut le développement d'une tradition scientifique et philosophique arabe qui engendra une demande massive de traductions du grec (ainsi que du syriaque et du pehlvi), et non, comme on le suppose généralement, les traductions qui donnèrent naissance à la science et à la philosophie[2].

C'est pourquoi il est faux, explique Dimitri Gutas, de distinguer un stade réceptif et un stade créatif dans l'histoire des sciences et de la philosophie arabes[3]. L'étude des textes montre que, depuis le milieu du VIIIe siècle, les courants scientifiques et philosophiques

1. Cristina d'Ancona, « Greek into Arabic », in *The Cambridge Companion to Arabic Philosophy*, Cambridge, Cambridge University Press, 2004, p. 24-25.

2. Dimitri Gutas, *Greek Thought, Arabic Culture. The Graeco-Arabic Translation Movement in Baghdad and Early 'Abbāsid Society (2nd-4th/8th-10th Centuries)*, Londres/New York, Routledge, 1988 ; trad., *Pensée grecque, culture arabe. Le mouvement de traduction gréco-arabe à Bagdad et la société abbasside primitive (IIe-IVe/VIIIe-Xe siècle)*, trad. A. Cheddadi, Paris, Aubier, 2005, p. 212.

3. *Ibid.*, p. 229. La distinction entre une phase réceptrice et une phase créatrice a été présentée par W. Hartner dans son article « Quand et comment s'est arrêté l'essor de la culture scientifique dans l'Islam », in *Classicisme et déclin culturel dans l'histoire de l'Islam*, Paris, Besson-Chantemerle, 1957, p. 322.

présents à Bagdad ont généré une demande de traductions abouties afin de répondre à des problématiques contemporaines, si bien que traductions et œuvres originales se développèrent de concert. Sur le plan intellectuel, la transmission des textes de philosophie fut amorcée par le souci d'acquérir des outils de discussion et d'argumentation rigoureux, qui puissent être utilisés dans les discussions théologiques. Cette origine explique l'importance accordée à la logique et à l'*Organon* d'Aristote.

Mais le recours aux textes grecs fut aussi dirigé par le désir d'atteindre des vérités aussi certaines que les vérités mathématiques, tenues pour dépositaires du plus haut degré de certitude. Même si les traducteurs et les philosophes ont conscience de faire appel à une science née chez les Grecs, ils n'en voient pas moins les textes grecs comme le lieu où se manifestent une raison universelle et donc un patrimoine commun.

Sur le plan politique, ce dynamisme intellectuel fut soutenu et financé par les grands serviteurs de l'État. L'enthousiasme philhellénique de l'élite abbasside fut parfois illustré par la description idéalisée de la Maison de la sagesse (*Bayt al-Ḥikma*), présentée comme une institution regroupant des chercheurs, des traducteurs et une bibliothèque[1]. Cette vision est aujourd'hui fortement écornée. En effet, les sources historiques concernant la Maison de la sagesse permettent seulement d'y voir une institution héritée de l'Empire sassanide, et destinée à traduire et conserver des ouvrages relatifs à l'histoire sassanide, avant d'accueillir, sous les Abbassides, un certain nombre d'astronomes et de

1. Pour cette vision idéalisée, voir par exemple Youssouf Eche, *Les Bibliothèques arabes publiques et semi-publiques en Mésopotamie, Syrie, Égypte au Moyen Âge*, Damas, IFPO, 1967, p. 9-57.

mathématiciens[1]. Le vaste mouvement de traduction du grec vers l'arabe prit largement place en dehors de cette institution, même s'il reçut effectivement le soutien du pouvoir. En effet, les traducteurs ont dû se mettre à niveau en grec et devenir de véritables professionnels pour traduire les manuscrits souvent corrompus qu'ils possédaient, et un tel travail de traduction n'aurait jamais été possible sinon à la demande du pouvoir. Loin de procéder à une mise à l'écart de la philosophie (et des autres sciences venues des Grecs) en raison de leur origine étrangère, le pouvoir tint même un discours politique visant à légitimer l'appropriation complète des textes transmis. Ce discours s'appuie sur un mythe reçu du zoroastrisme, religion de l'ancien Empire sassanide de Perse (226-642). Selon ce récit, les textes du canon zoroastrien, l'Avesta, réputé contenir tout le savoir possible, furent traduits de l'avestan en persan après avoir été pillés par les Grecs lors des conquêtes d'Alexandre le Grand, et les originaux détruits. Très présent dans l'idéologie sassanide, ce mythe fut repris par al-Manṣūr, l'un des premiers califes abbassides, afin d'asseoir son pouvoir dans les provinces centrales de l'Empire, l'Irak et l'Iran. En effet, il était particulièrement important pour les premiers Abbassides de trouver une légitimité aux yeux de la population persanophone de leur Empire, et al-Manṣūr entreprit donc de présenter le nouveau régime abbasside comme l'héritier de l'ancien Empire sassanide, contre la dynastie omeyyade de Damas (660-750)[2].

1. Voir Rémi Brague, *Au moyen du Moyen Âge*, Paris, Flammarion, 2006, p. 299 ; Dimitri Gutas, *Greek Thought, Arabic Culture*, *op. cit.*, p. 53-60.

2. Pour l'exposition de ce mythe et de son rôle politique, voir Dimitri Gutas, *Greek Thought, Arabic Culture*, *op. cit*, p. 40-45.

« Philosophie arabe médiévale » : trois termes à éclaircir.

Avant de continuer, une tâche sémantique s'impose, celle d'éclaircir l'expression même de « philosophie arabe médiévale ». Pourtant en apparence innocent, chaque mot concentre questionnements et problèmes.

Le mot « philosophie » marque l'appartenance de la plupart des textes se trouvant dans ce recueil au courant de la *falsafa*. Ce terme désigne le courant de pensée débutant au IXe siècle dont les acteurs, au rang desquels al-Kindī, al-Fārābī, Avicenne (l'adaptation latine de l'arabe Ibn Sīnā), Averroès (l'adaptation latine d'Ibn Rušd) se considèrent comme les héritiers des Grecs, en particulier d'Aristote et du néoplatonisme, comme le signale l'origine du mot, transcription arabe du grec *philosophia*. Ainsi al-Kindī, au début de *Sur la philosophie première*, légitime-t-il l'appropriation de l'héritage grec :

> Il nous faut donc grandement remercier ceux qui nous ont procuré quelque chose du vrai et davantage encore ceux qui nous en ont procuré beaucoup, car ils nous ont fait participer aux acquis de leur pensée, ils nous ont rendu plus abordables les recherches des <choses> vraies et cachées en nous fournissant les prémisses qui aplanissent pour nous les chemins du vrai. Si en effet ils n'avaient pas existé, jamais nous n'aurions rassemblé, même en les recherchant intensément tout au long de notre vie, ces principes vrais au moyen desquels nous parvenons au terme de nos recherches <des choses> cachées. Tout cela n'a pu se rassembler que dans les siècles précédents qui se sont écoulés, siècle après siècle, jusqu'au temps qui est le nôtre, au prix d'une intense recherche, d'une étude sans relâche, d'une fatigue assumée dans ce but[1].

1. Al-Kindī, *Sur la philosophie première*, éd. et trad. Jean Jolivet

Le principal enjeu recouvert par le terme de « philosophie » vise la relation entre la *falsafa* et la théologie spéculative et défensive, désignée en arabe par le terme *kalām*. Pour le dire sommairement, alors que les théologiens fondent leur réflexion sur le principe de la révélation, les philosophes s'en tiennent aux conclusions que peut atteindre la seule raison. Cependant, les débuts de la philosophie arabe, que l'on peut situer au IXe siècle, montrent que les philosophes (*falāsifa*) partagent largement les problématiques des théologiens (*mutakallimūn*). Comme l'a montré Marwan Rashed, les débuts de la philosophie arabe sont marqués tout à la fois par le platonisme et la proximité avec la théologie rationnelle[1]. Ainsi, les systèmes cosmologiques des trois figures que sont al-Kindī (801-870 environ), Thābit ibn Qurra (836-901) et al-Rāzī (865-925) se comprennent comme des interprétations du *Timée* de Platon, et non par référence à Aristote[2].

La frontière entre la philosophie et le *kalām* est d'autant plus poreuse que certains courants théologiques furent profondément marqués par la philosophie hellénistique. Ainsi, à l'époque des premiers califes abbassides se met en place une théologie rationaliste, le mu'tazilisme, lequel chercha à rapprocher la philosophie grecque des doctrines islamiques afin de répondre à des questions théologiques telles que : le Coran est-il créé ou incréé ? Le mal peut-il être créé par Dieu ? Les attributs

---

et Roshdi Rashed, *Œuvres philosophiques et scientifiques d'al-Kindī*, t. II, *Métaphysique et cosmologie*, Leyde, Brill, 1998, p. 12.

1. Marwan Rashed, « Les débuts de la philosophie moderne », in Philippe Büttgen, Alain de Libera, Marwan Rashed, Irène Rosier-Catach (dir.), *Les Grecs, les Arabes et nous. Enquête sur l'islamophobie savante*, Paris, Fayard, 2009, p. 144-145.

2. *Ibid.*, p. 145-146.

de Dieu doivent-ils être compris littéralement ou allégoriquement ? Al-Ash'arī, fondateur d'un courant théologique traditionaliste adversaire du mu'tazilisme, utilisa lui aussi les méthodes formelles et rationnelles des mu'tazilites afin de défendre les thèses traditionalistes[1].

À partir du Xe siècle, la *falsafa* s'autonomise et *falsafa* et *kalām* deviennent deux types de discours distincts, voire concurrents. Mais même alors, le dialogue entre les philosophes et les théologiens ne fut jamais rompu. Ainsi, le théologien al-Ghazālī (1058-1111), parfait connaisseur de toutes les thèses théologiques et philosophiques de son temps, entreprit dans *L'Incohérence des philosophes* de critiquer parmi les thèses philosophiques celles qui ne s'accordaient pas avec la doctrine juridico-théologique dominante, l'as'harisme. Parmi les thèses incriminées, on trouve l'affirmation de l'éternité du monde, l'ignorance des particuliers par Dieu, les énoncés portant sur les questions physiques telles que l'existence de la causalité ou la résurrection des corps. Averroès répondit à cette œuvre massive dans *L'Incohérence de l'incohérence*, visant à rétablir la non-contradiction de la philosophie avec la loi religieuse afin de sauver la philosophie de l'accusation d'infidélité. Il est important de noter que le *kalām* n'est pas propre à l'islam. Certains théologiens juifs partagèrent ainsi les arguments mu'tazilites. Par exemple le philosophe et théologien Saadia Gaon (882-942) est souvent présenté comme le défenseur d'un « *kalām* juif », qui recherche la conciliation entre la philosophie et la tradition hébraïque.

---

1. Alnoor Dhanani, *The Physical Theory of Kalām. Atoms, Space and Void in Basrian Mu'tazilī Cosmology*, Leyde/New York/Cologne, Brill, 1994, p. 11.

Bien que le courant mystique (*taṣawwuf*) suive un autre type de connaissance, surnaturelle et non pas rationnelle, il existe aussi des liens entre philosophie et mysticisme. Suhrawardī (1154-1191 environ) fonde ainsi le courant de la « philosophie de l'illumination », qu'il présente dans la préface de son œuvre du même nom, comme une nouvelle méthode. Il dit avoir découvert grâce à celle-ci un chemin plus court vers le savoir que la route de la philosophie grecque, et moins difficile à emprunter[1]. Il consacre le premier livre de sa *Philosophie de l'illumination* à la critique de l'épistémologie issue d'Aristote – représentée par exemple par la distinction entre l'essence et l'accident chez Avicenne. Il est guidé en cela par l'idée nominaliste selon laquelle les catégories métaphysiques sont de simples noms, et que seuls les particuliers existent réellement. La suite de l'ouvrage expose la doctrine philosophico-mystique de l'illumination, système ontologique et cosmologique fondé sur le rôle de la lumière. C'est surtout cette seconde partie de son œuvre et ses éléments mystiques qui sont demeurés attachés au nom de Suhrawardī à l'époque moderne, mais ils ne doivent pas faire oublier l'importante critique nominaliste contenue dans la première partie[2].

La raison philosophique est très proche, dans les écrits des philosophes eux-mêmes, de l'idée de sagesse (*ḥikma*). Ainsi, Averroès intitule son ouvrage

---

1. Al-Suhrawardī, *The Philosophy of Illumination*, éd. John Walbridge et Hossein Ziai, Provo, Brigham Young University Press, 1999, p. 2.

2. Ainsi, Henry Corbin, l'un des principaux spécialistes modernes de Suhrawardī, a mis l'accent sur les éléments mystiques de sa philosophie, choisissant par exemple de ne pas traduire le premier livre de l'ouvrage, consacré à la logique et l'ontologie péripatéticiennes. Voir Shihāboddīn Yaḥya Suhrawardī, *Le Livre de la sagesse orientale*, Paris, Gallimard, 2003.

de défense de la philosophie le *Livre du discours décisif où l'on établit la connexion existant entre la loi religieuse [šarī'a] et la sagesse [ḥikma]*. Au § 17, Averroès invoque un verset coranique et suppose l'équivalence entre sagesse et philosophie, afin de rétablir les droits de la philosophie face aux attaques des théologiens :

Appelle les hommes dans le chemin de ton Seigneur par la sagesse [*ḥikma*] et par la belle exhortation ; et dispute avec eux de la belle manière[1].

On constate ainsi que l'équivalence entre philosophie et sagesse est une manière pour les philosophes de sauver la philosophie de son statut de science étrangère afin de la réintégrer au patrimoine de la civilisation islamique. La *philosophia* grecque peut être transcrite en arabe par le terme *falsafa* ou traduite par le calque *ḥubb al-ḥikma*, « amour de la sagesse ». Or, comme le note Jean Jolivet, le terme de *ḥikma* est un mot particulièrement riche dans la langue arabe, porteur de connotations à la fois religieuses, intellectuelles et pratiques. L'équivalence entre philosophie et *ḥikma* permet donc un « processus d'assimilation » indispensable aux philosophes[2].

Le deuxième terme de l'expression « philosophie arabe médiévale » est peut-être celui qui pose le plus problème. Nous l'employons ici au sens linguistique : la philosophie arabe est la philosophie écrite en arabe. Mais tous ses

1. Averroès, *Discours décisif*, trad. Marc Geoffroy, Paris, Flammarion, « GF », 1996, p. 119.

2. Voir pour tout ce développement l'article de Jean Jolivet, « L'idée de la sagesse et sa fonction dans la philosophie des IVe et Ve siècles (Hégire) », *Perspectives arabes et médiévales*, Paris, Vrin, 2006, p. 237-263.

auteurs ne sont pas des Arabes, si l'on entend le terme cette fois-ci au sens ethnique, où « arabe » s'opposerait alors à « perse ». Beaucoup, comme al-Rāzī ou Avicenne, sont des Persans qui, pour le dernier, ont aussi écrit des ouvrages en persan. Mais le fait qu'ils écrivent principalement en arabe a un sens. À la fin du IXe siècle, l'arabe est devenu la langue scientifique de référence, comme plus tard le latin en Europe. Lorsque la philosophie, d'abord introduite dans l'aire culturelle islamique comme instrument de la théologie chrétienne, donc pratiquée en syriaque, devient écrite en arabe, cela signifie qu'elle a atteint un stade plus avancé de son transfert dans le champ culturel de l'Empire abbasside[1]. Employer l'expression de « philosophie arabe » a l'avantage de souligner l'importance de ce passage à l'arabe.

Pour autant, la formule « philosophie islamique » présente également des avantages certains, car le terme « islamique » marque une appartenance culturelle plutôt que religieuse, tout en soulignant les interactions avec la théologie rationnelle. Ce n'est pas, en tout cas, une « philosophie musulmane ». En effet, les acteurs de la *falsafa* ne sont pas tous musulmans, loin de là : on trouve parmi eux des chrétiens (Mattā ibn Yunūs, Yaḥyā ibn ʿAdī), qui jouèrent notamment un rôle de premier plan au commencement du mouvement, des juifs (Saadia Gaon, Maïmonide), des sabéens (Thābit ibn Qurra). Ces philosophes n'écrivent généralement pas pour apporter des justifications rationnelles aux vérités religieuses. D'ailleurs, leur rapport à la religion est très divers. Par exemple, pour al-Kindī, prophète et philosophe parviennent aux mêmes vérités, mais le prophète y parvient de manière moins laborieuse et les énonce

1. Voir Alain de Libera, *La Philosophie médiévale*, Paris, PUF, 1993, p. 72.

plus clairement. Au contraire, al-Fārābī fait de la philosophie la maîtresse science, à laquelle la religion, si elle est vertueuse, est forcément subordonnée.

Enfin, le troisième terme, « médiévale », soulève avant tout la question de savoir quand commence et quand finit la philosophie arabe. La première partie de la question est la moins difficile. La *falsafa* naît dans le sillage du vaste mouvement de traduction des textes scientifiques grecs, qui connaît son apogée dans la première partie du IXe siècle, sous le califat d'al-Ma'mūn. Les premiers représentants de la *falsafa* furent aussi des traducteurs, comme Mattā ibn Yunūs (mort en 940), Yaḥyā ibn 'Adī (893-974), ou encore al-Kindī. Du Xe au XIIe siècle, la philosophie arabe vécut sa période la plus prolifique, avec notamment les trois grandes figures d'al-Fārābī, Avicenne, et Averroès.

Le problème est plutôt de savoir quand sonne le glas de la philosophie arabe médiévale et si la philosophie continua d'exister dans le monde islamique après le Moyen Âge. Soit on considère que le XIIe siècle marque la fin d'une période « classique » dans la philosophie arabe, soit qu'il la clôt définitivement. Pourquoi cette date ? Elle est d'abord symbolique, car elle correspond à la mort d'Averroès (1198) et à celle de Maïmonide (1204). Mais c'est aussi à cette période que survinrent, sur le plan historique, de graves troubles politiques à la fois à l'est (les invasions mongoles, commencées en 1220) et à l'ouest (la politique intolérante menée par les Almohades puis la *Reconquista* de la péninsule Ibérique par les royaumes chrétiens) qui empêchèrent la recherche philosophique de se perpétuer. Ainsi, la *falsafa* telle qu'elle était pratiquée au Xe siècle, c'est-à-dire de manière distincte du *kalām* et revendiquant l'héritage grec, entre dans son déclin. Pour Alain de Libera, la véritable césure est d'ordre historique : passé le Moyen Âge, les musulmans ont cessé de revendiquer pour eux-mêmes, comme leur bien propre ou comme la partie d'un héritage leur revenant de droit, leur part d'Occident, de grécité ou de science dite « extérieure »[1].

Cela dit, même si la philosophie décline, le XIIe siècle n'est pas synonyme de l'extinction de toute forme de vie intellectuelle dans le monde islamique. Bien au contraire, il vaut mieux parler d'un profond bouleversement du paysage intellectuel, réorganisé autour de l'avicennisme. En effet, l'œuvre monumentale d'Avicenne donna naissance à plusieurs courants, dont le plus vigoureux est probablement le courant d'inspiration mystique, représenté par Mullā Ṣadrā (mort en 1640).

Outre la pensée mystique et théologique, de nouveaux champs de réflexion apparaissent, comme la réflexion sur l'histoire et les civilisations inaugurée par Ibn Khaldūn au XIVe siècle, avec son imposante *Histoire universelle* et l'introduction théorique (*Muqqadima*) qui la précède.

Falsafa et *kalām*

Un des principaux enjeux pour comprendre la philosophie arabe médiévale est constitué par la relation de celle-ci avec la théologie (*kalām*). Selon la définition de Harry Wolfson,

> le terme de *kalām*, employé sans autre qualificatif, désigne un système de pensée qui vit le jour en Islam avant l'apparition de la philosophie, et dont les acteurs, appelés

1. *Ibid.*, p. 184.

mutakallimūn, étaient considérés comme opposés à ceux qui, à partir d'al-Kindī, furent appelés simplement philosophes[1].

Comme nous l'avons évoqué plus haut, le *kalām* est une théologie de combat, destinée à défendre les vérités révélées et dotée d'une argumentation rationnelle propre. Le *kalām* musulman et en partie juif est donc assez éloigné de la théologie chrétienne qui se développe au XIIIe siècle, et qui se présente comme une science structurée autour des catégories aristotéliciennes, visant à élucider les mystères de la foi chrétienne. Le *kalām* compte plusieurs écoles, dont les deux principales sont le mu'tazilisme, fondée sur une idéologie rationnelle qui défend le libre arbitre et la thèse du Coran créé, et l'ash'arisme, réaction traditionaliste qui s'oppose à lui sur ces deux points notamment.

Qu'est-ce qui distingue au juste la philosophie et la théologie ? Comme l'explique Harry Wolfson, il s'agit dans les deux cas de passer du connu, appelé « prémisses » en philosophie et « sources » en théologie, à l'inconnu, appelé « ce qui est recherché » en philosophie et « branche » en théologie[2]. Or, alors que les prémisses en philosophie sont livrées par l'intellect, soit par abstraction à partir des perceptions, soit directement à partir de lui-même, les sources du *kalām* correspondent aux vérités révélées dans le texte sacré. Pour passer du connu à l'inconnu, tant les théologiens que les philosophes emploient des procédés rationnels, mais ceux-ci diffèrent. Dans les deux cas, la méthode employée est désignée par le terme *qiyās*, qui signifie littéralement le « fait de mesurer » et, à partir de là, de juger une

1. Harry A. Wolfson, *The Philosophy of Kalam*, Cambridge, Harvard University Press, 1967, p. 2. La traduction est nôtre.
2. *Ibid.*, p. 6.

chose par comparaison ou corrélation avec une autre. Ce terme est marqué par une grande polysémie dans la langue arabe médiévale. Lorsqu'il est utilisé par les théologiens, il désigne la plupart du temps un raisonnement par analogie, allant du particulier au particulier, tandis que les philosophes l'emploient généralement au sens de « syllogisme », tel qu'Aristote l'a décrit dans l'*Organon*, c'est-à-dire un raisonnement déductif allant de l'universel au particulier. Théologie et philosophie ne s'opposent donc pas selon le couple foi et raison hérité de la scolastique latine : le *kalām* emploie des méthodes rationnelles, et la plupart des philosophes concernés ne remettent pas en cause la révélation, mais la confiscation de son interprétation par les théologiens.

Kalām et *falsafa* partagèrent bien souvent les mêmes problématiques, telles l'éternité du monde ou l'immortalité de l'âme. Les philosophes tinrent parfois des positions contradictoires avec le donné révélé tel qu'il se trouvait explicité par les théologiens. Certains philosophes, comme Averroès dans le *Livre du dévoilement*, entreprirent ainsi de montrer qu'il n'était pas nécessaire de faire appel à la création du monde pour prouver l'existence de Dieu, à l'encontre de l'école ash'arite. Il serait erroné de présenter la relation de la philosophie avec le *kalām* comme la confrontation de deux blocs homogènes : le *kalām* n'est pas une réalité unitaire et, de leur côté, les philosophes soutinrent des positions très différentes les unes des autres, que ce soit sur les questions sujettes à controverses ou sur le statut même des vérités révélées. Ainsi, tandis que la plupart des philosophes font leur l'opposition aristotélicienne à l'atomisme, défendu par les théologiens, al-Rāzī défend dans les *Doutes sur Galien* un type particulier d'atomisme qui intègre le dualisme entre l'âme et la matière. Surtout, il ressort des textes philosophiques que les philosophes furent souvent conduits à réfléchir sur des problématiques communes avec le *kalām* ou qu'ils lui empruntèrent certains outils conceptuels. Que les thèses des philosophes s'opposent à celles des théologiens ou les rejoignent, il reste donc que le *kalām* fait partie intégrante de l'histoire de la philosophie arabe.

La relation entre le *kalām* et la philosophie évolua avec le temps. Alors que le IXe siècle est marqué par une grande proximité entre les deux, comme le dénote la conception qu'avait al-Kindī des rapports entre discours prophétique et philosophique, avec al-Fārābī, les choses changent, et la philosophie s'autonomise. Le reproche principal fait aux théologiens par certains philosophes, comme Averroès et Maïmonide, porte sur le statut des arguments avancés par le *kalām*. Ceux-ci ne sont que dialectiques et rhétoriques, à la différence des preuves démonstratives offertes par le syllogisme, car ils se fondent sur des prémisses contingentes. Ainsi Maïmonide, au début du *Guide des égarés*, critique-t-il la thèse ash'arite de la création du monde, disant qu'elle ne saurait prouver l'existence de Dieu comme ses tenants le prétendent. Maïmonide montre tout d'abord que les ash'arites ne sont pas parvenus à prouver la création du monde. Il en résulte qu'une preuve de l'existence de Dieu fondée sur cette création du monde ne peut être valide tant que les théologiens ne sont pas parvenus à réfuter la thèse de l'éternité du monde défendue par les philosophes. La seule méthode de preuve véritable est le syllogisme. Si bien que, aux yeux de Maïmonide, la seule théologie digne de ce nom doit nécessairement se fonder sur les outils conceptuels de la philosophie.

Quelques grands problèmes de la philosophie arabe médiévale

Les textes présentés ici proposent un parcours à travers la philosophie arabe médiévale en suivant l'ordre de l'étude de la philosophie à l'époque classique (X^e-XIIe siècle). C'est aussi l'ordre qu'al-Kindī conseille de suivre dans son épître *Sur la quantité des livres d'Aristote*[1].

Le cursus commençait par le fondement de tout raisonnement philosophique, les mathématiques et la logique. L'arrivée de la logique grecque dans la Bagdad des IXe-Xe siècles souleva un débat entre logiciens et grammairiens autour de la possibilité du transfert, en arabe, de la logique élaborée dans les traités grecs. Les logiciens, défenseurs de ce transfert, à l'instar d'un Mattā ibn Yunūs, soutiennent que la logique met à disposition des outils universels pour juger de la bonne forme d'un discours et n'est donc pas propre à une langue en particulier. En d'autres termes, la logique aristotélicienne, élaborée à l'origine en langue grecque, peut être traduite et appliquée à la langue arabe. Il affirma cette position dans un débat qui l'opposa en 932 au grammairien al-Sīrāfī, selon qui la logique aristotélicienne ne pouvait être dissociée des règles de la grammaire grecque, et n'était donc pas transférable à la langue arabe. La seule science du langage valide était la grammaire car elle était propre à chaque langue. Al-Tawḥīdī donne un compte rendu de ce débat très favorable au grammairien dans son *Livre des controverses*.

Le débat avec les grammairiens força les logiciens à préciser le champ d'application et le but de la

1. Al-Kindī, *Sur la quantité des livres d'Aristote*, éd. M. Abū Rīda, Francfort, 1999, p. 378.

logique – comme on le voit à travers le traité d'un autre élève de Mattā ibn Yunūs, Yaḥyā ibn 'Adī – et à créer des ponts entre les deux arts, comme le fit al-Siğistānī. Un des traits caractéristiques de la tradition logique arabe consiste à intégrer la *Poétique* et la *Rhétorique* d'Aristote à l'*Organon*, à la suite des traités abordant plus spécifiquement les opérations logiques que sont la démonstration ou la définition, de sorte à former un *organon* long. Enfin, la tradition logique gréco-arabe pose la question de son application aux textes révélés, en montrant qu'il est possible, et même obligatoire pour certains, d'en faire une lecture interprétative.

Le cursus se poursuivait avec la philosophie naturelle, qui inclut la physique, l'astronomie, mais aussi la psychologie, c'est-à-dire l'étude de l'âme. La physique se concentre sur la question du mouvement, à laquelle les savants arabes comme Avicenne et Abū al-Barakāt apportèrent des réponses d'une importance cruciale pour l'histoire de cette science. L'étude de l'âme est jalonnée par les trois grandes questions suivantes : qu'est-ce que l'âme ? Quelle est sa relation au corps ? Comment connaît-elle le monde ?

Aux deux premières, la plupart des philosophes arabes apportèrent une réponse aristotélicienne, fondée sur le traité *De l'âme* : l'âme, étant la forme du corps, lui est intimement reliée. Elle est divisée en plusieurs niveaux qui s'additionnent selon le degré de perfection des étants : âme végétative, âme animale, âme rationnelle. Cependant, deux philosophes proposèrent chacun une conception quelque peu différente de l'âme, qu'elle soit inspirée de Platon, comme chez al-Rāzī, ou fondée sur le dualisme entre l'âme et le corps chez Avicenne. Le nœud de difficulté sur la question de la connaissance se concentre autour du statut de l'intellect, cette partie de l'âme grâce à laquelle celle-ci connaît les intelligibles.

Le cœur du cursus philosophique était constitué par la métaphysique dont la définition même pose problème. Pour al-Kindī, c'est la science du premier principe, mais al-Fārābī explique qu'il s'agit plutôt de la science des étants. À partir de sa distinction entre l'essence et l'existence, Avicenne propose une preuve de l'existence de Dieu distincte des prétendues preuves des théologiens, et représentative de sa propre théologie rationnelle. Mais la métaphysique est aussi la principale arène où les philosophes s'opposent aux *mutakallimūn*, notamment autour de la question de l'éternité du monde et de l'existence ou non de causes secondes.

Le cursus se terminait avec l'étude de l'éthique et de la philosophie politique. L'éthique, qui s'intéresse principalement à la question du mode de vie vertueux et heureux, devient étroitement liée à la politique à partir du moment où al-Fārābī, dans le *Compendium des* Lois *de Platon*, montre que le législateur doit avoir pour objectif d'implanter la vertu dans le cœur des citoyens. C'est le cas dans la « cité vertueuse » (*al-madīna al-fāḍila*), mais celle-ci sert surtout à mesurer l'imperfection des cités réelles et à esquisser les buts et les moyens du gouvernant. La réflexion politique évolue : au Xe siècle, al-Fārābī construit une philosophie politique fondée sur les principes universels tandis que, cinq siècles plus tard, avec Ibn Khaldūn, la réflexion sur la cité prend le visage de la rationalité historique. La philosophie politique doit se confronter avec un autre principe concurrent d'organisation de la cité, la religion. Enfin, au vu de l'écart qui sépare la cité vertueuse des cités imparfaites, il est une question à laquelle chaque philosophe est confronté, celle de sa place dans la cité imparfaite où il doit vivre.

L'influence de la philosophie arabe médiévale sur l'Occident latin

La philosophie arabe médiévale est partie intégrante de la construction d'une tradition intellectuelle latine à partir du XIe siècle, comme l'attestent les nombreuses traductions de l'arabe vers le latin. Sous la houlette de Gérard de Crémone (1114-1187), l'école de Tolède entreprit de traduire les œuvres d'Aristote transmises en arabe et leurs commentaires (*Seconds Analytiques*, *Physique*, *Du ciel*, *De la génération et de la corruption*, *Météorologiques*), si bien que la figure d'Aristote reçue par le Moyen Âge latin est largement tributaire des interprétations qu'en firent les philosophes arabes musulmans – en premier lieu Averroès –, et inclut notamment de nombreux éléments néoplatoniciens. Comme le dit Charles Burnett :

> Les textes arabes, donc, ont massivement contribué à la construction d'un curriculum aristotélicien cohérent, représenté par les nombreux manuscrits du *Corpus vetustius* et du *Corpus recentius*, qui devaient demeurer au cœur du parcours universitaire pour de nombreux siècles. Le fait qu'ils étaient arabes, et issus de terres musulmanes, ne constituait pas un problème. Ils étaient simplement les meilleurs textes disponibles et Averroès fournit les commentaires les plus fiables et les plus complets des œuvres d'Aristote[1].

Michel Scot, au XIIIe siècle, continua cette entreprise de traduction du corpus aristotélicien de l'arabe vers le latin, et traduisit en parallèle les commentaires d'Averroès. Il exista aussi des traductions d'Aristote directement du

1. Charles Burnett, « Arabic into latin », in *The Cambridge Companion to Arabic Philosophy*, Cambridge, *op. cit.*, p. 375. La traduction est nôtre.

grec en latin. Boèce, dès le VIe siècle, traduisit les *Catégories*, *De l'interprétation*, les *Premiers Analytiques*, les *Topiques* et les *Réfutations sophistiques*. Mais en raison des bouleversements que connut l'Empire byzantin, son travail resta peu utilisé et certains textes furent mêmes perdus jusqu'au XIIe siècle. Puis, au XIIe siècle, Jacques de Venise traduisit une partie de l'œuvre d'Aristote. Sans nier l'importance de ces traductions, force est donc de constater que le corpus aristotélicien latin fut fixé au XIIIe siècle grâce aux traductions de Gérard de Crémone, Michel Scot et Hermann l'Allemand, réalisées de l'arabe vers le latin, et doublées des traductions des commentaires d'Averroès. La construction de l'Averroès latin se poursuivit au XIVe siècle avec la traduction de *L'Incohérence de l'incohérence*, et au XVIe siècle avec celle de l'*Épître de la conjonction avec l'intellect séparé* et le *Traité sur la béatitude*.

Parallèlement à la constitution d'un corpus aristotélicien latin marqué par la figure d'Averroès, le monde latin médiéval fit la part belle aux écrits d'Avicenne, et l'Avicenne latin servit de référence au moins autant que l'Aristote latin, en particulier *via* le *Livre de la guérison*, partiellement traduit au XIIe siècle par le cercle de Gundissalinus, archidiacre de la cathédrale de Tolède. Les Latins eurent ainsi accès à la partie consacrée à la métaphysique, à la psychologie, à la physique, et probablement aussi à la logique. Avicenne exerça durablement son influence sur la philosophie et même sur la théologie latines. Comme le dit Alain de Libera,

> Avicenne a causé le premier grand choc culturel qu'ait subi l'Europe lors de la « renaissance du XIIe siècle » : la théologie et la philosophie des XIIIe et XIVe siècles eussent été impensables sans lui[1].

1. Alain de Libera, *La Philosophie médiévale*, *op. cit.*, p. 114.

Par exemple, la distinction qu'il fit entre l'essence et l'existence marqua profondément l'ontologie médiévale, de Thomas d'Aquin (1225-1274) à Duns Scot (1265-1308). Outre le *Livre de la guérison* d'Avicenne, l'équipe de Gundissalinus traduisit également les textes sur l'intellect d'al-Kindī et al-Fārābī.

La *falsafa* fut ainsi partie prenante dans de nombreux débats qui agitèrent la philosophie et la théologie latines, notamment autour de la question de l'âme. En effet, Averroès fut majoritairement connu des Latins comme le chantre d'un intellect unique et séparé de l'âme humaine, thèse dite du « monopsychisme » contre laquelle Thomas d'Aquin s'éleva dans *Contre Averroès*. La question de l'éternité du monde trouve aussi un profond écho, et Thomas d'Aquin, dans le traité qu'il lui consacra, soutint une position agnostique proche de celle de Maïmonide dans le *Guide des égarés*.

I

LOGIQUE ET LANGAGE

Les débuts de la logique dans le monde islamique médiéval correspondent aux premières traductions vers l'arabe des résumés syriaques d'une partie de l'œuvre logique d'Aristote, l'*Organon*, aux premiers siècles de l'Empire abbasside. Le calife al-Mahdī (775-785) commanda ainsi la traduction des *Topiques* afin de fournir des outils aux débats théologiques de son temps[1]. Au cours du IXe siècle, grâce aux deux cercles de traducteurs rassemblés autour d'al-Kindī et de Ḥunayn ibn Isḥāq, de larges parties de l'*Organon*, ainsi que des résumés, étaient disponibles en syriaque ou en arabe. Les différents traités composant l'*Organon* devinrent ainsi les ouvrages de référence de l'école péripatéticienne de Bagdad. Fondée par Mattā ibn Yunūs vers 870, celle-ci étendit ses activités jusqu'en 1023 environ, et vit éclore les travaux d'al-Fārābī, qui modelèrent profondément le champ de la logique arabe, ainsi que ceux de Yaḥyā ibn 'Adī, d'Abū Sulaymān al-Siğistānī ou encore d'Abū Ḥayyān al-Tawḥīdī. Ceux-ci parvinrent à livrer une version achevée de l'*Organon* arabe, ainsi que de nombreux commentaires. À partir du Xe siècle, la tradition logique

1. Dimitri Gutas, *Greek Thought, Arabic culture*, *op. cit.*, p. 67.

arabe est centrée autour du corpus aristotélicien et les problèmes qu'elle cherche à résoudre se posent à l'intérieur du cadre aristotélicien. Mais cette tradition n'est pas exclusivement aristotélicienne. Ḥunayn traduit également le principal traité logique de Galien, *Sur la démonstration*, que nous connaissons aujourd'hui surtout grâce aux fragments transmis par al-Rāzī dans ses *Doutes sur Galien*.

La logique (*manṭiq*) est considérée à partir du Xe siècle par les philosophes arabes comme un instrument (conformément au sens du terme grec *organon*) permettant de partager le vrai du faux, en vérifiant qu'un discours est valide et en détectant les sophismes et les erreurs de raisonnement. Le discours est composé de sujets et de prédicats, qui correspondent aux choses attribuées au sujet – principalement le genre, l'espèce, les différences spécifiques, les propriétés et les accidents. À ces prédicats, il faut ajouter les éléments étudiés dans les *Catégories*, qui correspondent aux différentes manières d'exister : la substance, la quantité, la qualité, la relation, le lieu, le temps, la position, la possession, l'action, la passion.

La catégorie principale est la substance, qui désigne au sens premier « ce qui n'est affirmé ni d'un sujet, ni dans un sujet[1] ».

À partir de ces éléments sont construites les différentes formes de discours, notamment la définition et la démonstration. La forme la plus simple est constituée par la proposition déclarative, affirmative ou négative, telle qu'elle est étudiée dans le traité *De l'interprétation*, dont le titre arabe est *Livre de l'expression* (*Kitāb al-'Ibāra*), car, comme l'explique al-Fārābī, la logique est la science « des intelligibles en tant qu'ils

1. Aristote, *Catégories*, 2a11-12.

sont signifiés par des expressions, et des expressions en tant qu'elles signifient des intelligibles[1] ». L'analyse du discours déclaratif prépare celle du discours démonstratif, menée dans les *Premiers* et les *Seconds Analytiques*. La démonstration part de prémisses appropriées qui conduisent, *via* le moyen terme, à la conclusion.

À partir du XIIe siècle, Aristote et le « Second Maître » après lui, c'est-à-dire al-Fārābī, cessent de constituer le point de référence des logiciens arabes, au profit d'Avicenne. Celui-ci, en se fondant sur une théorie de l'intuition, ambitionne de relire les traités d'Aristote avec un regard neuf et critique, libéré de l'exégèse. Il donna naissance à plusieurs courants, représentés notamment par Faḫr al-Dīn al-Rāzī (mort en 1210), al-Ḫūnaǧī (mort en 1249), ou encore al-Tūsī (mort en 1274). La vigueur de la tradition logique arabe après le XIIe siècle et la participation des sciences religieuses à la réflexion logique à travers l'idée de la perfection littéraire du Coran ou de l'origine du langage constituent autant d'arguments contre l'idée d'un déclin de la pensée à partir du XIIe siècle[2].

La période classique de la logique arabe s'étend du Xe au XIIe siècle, et s'attache à trois problèmes principaux. Dans un premier temps, se pose la question de la relation entre logique et langage, à travers les débats qui opposèrent au Xe siècle les philosophes, héritiers de la logique aristotélicienne, et les grammairiens, concentrés sur la langue arabe. Le deuxième groupe de textes montre comment la tradition logique arabe

1. Al-Fārābī, *Sur la classification des sciences*, éd. Othmān Amīn, Le Caire, 1968, p. 74.

2. Voir Tony Street, « Arabic and islamic philosophy of language and logic », Stanford Encyclopaedia of Philosophy, 2008 : <plato.stanford.edu/entries/arabic-islamic-language>.

intègre tous les types de discours, y compris rhétorique, dialectique, poétique, théologique et juridique. Enfin, les trois derniers textes posent la question des rapports entre logique et révélation.

1

La langue arabe obéit-elle à la logique reçue des Grecs ?

Les débuts de la logique dans le monde islamique furent marqués par un vif débat entre logiciens, d'une part, et grammairiens et théologiens, de l'autre, autour de la relation entre la logique et le langage. La scène inaugurale de ce débat se joua à Bagdad dans les années 930, et opposa le logicien Mattā ibn Yunūs à l'étoile montante de la science grammaticale, al-Sīrāfī. Celui-ci visait à mettre en question l'utilité même de la logique d'Aristote, et plus généralement le caractère incontournable de la philosophie grecque : « Comment serait-il possible qu'un homme [Aristote] apporte quelque chose qui écarte la divergence, la résolve ou la réduise ? Hélas ! Cela est impossible ; le monde est bien demeuré après sa logique tel qu'il était avant sa logique[1]. » Dans ce débat, rapporté par al-Tawḥīdī dans le *Livre des controverses*, Mattā semble bien mal se défendre contre son adversaire.

Le second acte du débat entre logique et grammaire fut assuré par al-Fārābī et Yaḥyā ibn 'Adī. Dans le *Court Traité sur les méthodes de raisonnement des théologiens*

1. Al-Tawḥīdī, *Livre des controverses*, in Abdelali Elamrani-Jamal, *Logique aristotélicienne et grammaire arabe*, Paris, Vrin, 1983.

et le *Livre des lettres*, al-Fārābī défendit l'utilité de la logique en montrant que les raisonnements mis en œuvre dans la jurisprudence et la théologie suivaient eux aussi une forme logique. Yaḥyā ibn ʻAdī, dans son *Traité sur la différence qui existe entre l'art de la logique philosophique et l'art de la grammaire arabe*, vint au secours de Mattā ibn Yunūs en faisant de la logique une grammaire universelle. À la suite d'al-Fārābī, le théologien al-Ghazālī fit sienne la défense de la logique comme instrument indispensable pour analyser et construire les arguments juridiques. La logique en vint ainsi à être enseignée dans les *madrasa* (centres d'enseignement)[1].

1. Voir Tony Street, « Logic », in *The Cambridge Companion to Arabic Philosophy*, *op. cit.*, p. 253.

Al-Sīrāfī et Mattā ibn Yunūs : Logique grecque, grammaire arabe ?

Bagdad, alors capitale de l'Empire abbasside, fut en 932 le lieu d'une controverse aiguë opposant le logicien et commentateur d'Aristote Abū Bišr Mattā ibn Yunūs et le grammairien Abū Sa'īd al-Sīrāfī, autour de la valeur de la logique, développée dans les traités grecs, en milieu linguistique arabe : pour Mattā, la logique est un instrument universel, applicable aux discours tenus en langue arabe autant qu'aux discours tenus en grec. Mais pour al-Sīrāfī, la logique n'est rien de plus qu'une grammaire philosophique de la langue grecque. Cette controverse historique met ainsi en scène quelques-uns des problèmes soulevés par la transmission du savoir d'une sphère linguistique à une autre.

Le Vizir Ibn al-Furāt dit : je voudrais que quelqu'un parmi vous se propose pour discuter avec Mattā la question de la logique ; il déclare qu'il n'y a pas de voie pour reconnaître ce qui est vrai de ce qui est faux, la vérité du mensonge, le bien du mal, la preuve de la vraisemblance, le doute de la certitude, sinon par ce que nous tenons de la logique, ce que nous acquérons par son usage au moyen des divisions et des définitions que son auteur nous a apprises et ce dont les vérités nous sont connues par elle.

L'assistance battit en retraite et se tut.

Ibn al-Furāt s'écria alors : Par Dieu, il y a sûrement parmi vous quelqu'un qui comprend ce qu'il dit, qui peut débattre avec lui, et rabattre ses prétentions ! Je vous compte en effet parmi les océans de science, les fermes soutiens de la religion et de ses adeptes, comme le flambeau éclairant la vérité et ceux qui la cherchent. Que signifient donc cette hésitation et ces regards complices ?

Abū Sa'īd leva la tête et dit : Excusez, Votre Excellence, la science est certes conservée dans les cœurs ; elle ne pourrait apparaître devant cette assemblée où les oreilles sont tendues, les regards inquisiteurs, les esprits forts et critiques. Ceci provoque en effet la crainte, et la crainte paralyse, suscite la honte, et la honte présage la défaite ; le combat dans une bataille générale n'est pas le même que le duel en champ clos.

Ibn al-Furāt dit : À toi l'honneur de la tâche, ô Abū Sa'īd ! En excusant les autres, tu t'obliges à vaincre, et grâce à toi la victoire sera celle de l'assemblée.

Abū Sa'īd dit : Désobéir à l'ordre du vizir serait une injure et ne pas se ranger à son avis un trait d'infidélité. Que Dieu nous préserve des faux pas ; nous Le prions qu'Il nous accorde le succès dans la guerre et dans la paix. Puis se tournant vers Mattā il dit : Qu'entends-tu par « La Logique » ? Si nous comprenons la signification que tu lui donnes, nous accepterons avec toi ce qui en est valable et nous rejetterons ce qui est faux, suivant les traditions dont il est convenu et une méthode reconnue.

Mattā : J'entends qu'elle est un instrument, parmi les instruments, par lequel on reconnaît dans le discours ce qui est correct de ce qui est incorrect, et dans la signification ce qui est juste de ce qui est corrompu ; comme la balance par laquelle je reconnais ce qui pèse plus de ce qui pèse moins, ce qui est léger et ce qui est lourd.

Abū Sa'īd répliqua : Tu as tort car c'est par la raison qu'on reconnaît ce qui est correct de ce qui ne l'est pas dans le discours, si c'est par la raison que nous recherchons. [...] Si la logique a été établie conventionnellement par un homme de la Grèce, à partir de la langue grecque, suivant ses conventions, ses déterminations et ses propriétés, d'où viendrait aux Turcs, aux Indiens, aux Perses et aux Arabes l'obligation de s'intéresser à elle, de la considérer comme une loi et un juge dont ils accepteraient ce qu'elle approuve et rejetteraient ce qu'elle nie ?

Mattā : Cela est nécessaire parce que la logique est une recherche des fins intelligibles et des significations exactes, et l'investigation de pensées fortuites. Les intelligibles sont les mêmes pour tous les hommes. Ne vois-tu pas que 4 et 4 font 8 pour toutes les nations et qu'il en est ainsi pour tout ce qui est semblable ?

Abū Sa'īd : Si les choses recherchées par la raison et les choses émises dans l'expression, malgré les diverses voies et leurs cheminements différents, étaient au même rang dans la clarté que l'expression « 4 et 4 font 8 », il n'y aurait pas divergence et l'accord serait acquis. Mais il n'en est pas ainsi. Tu as éludé la question avec cet exemple. Vous en avez du reste l'habitude ! Mais laissons cela aussi. Si l'on ne parvient pas aux faits intelligibles et aux significations exactes que par la langue, qui comprend les noms, les verbes et les particules, la compréhension de cette langue n'est-elle pas nécessaire ?

Mattā : Oui.

Abū Sa'īd : Tu as tort, à cette question tu dois répondre « certes ».

Mattā : « Certes », je te suis en cela.

Abū Sa'īd : Tu ne nous invites donc pas à la science de la logique, mais à l'apprentissage de la langue grecque ; or toi-même, tu ne connais pas le grec. [...] Je ne t'interrogerai que sur une seule particule, courante dans le parler arabe, et qui a plusieurs sens distincts pour les personnes intelligentes. À toi d'en déduire les significations à partir de cette logique d'Aristote par laquelle tu prétends prouver, et dont tu t'enorgueillis ; c'est la particule *wāw* ! Quelles sont ses règles, quelles sont ses positions, a-t-elle un ou plusieurs sens ?

Mattā demeura hébété. Il dit : Ceci est de la grammaire, et je ne me suis pas intéressé à la grammaire, car le logicien n'a pas besoin de la grammaire alors que le grammairien a besoin de la logique. La logique recherche la signification alors que la grammaire s'occupe de l'expression. Si le logicien se soucie de l'expression ce n'est que par accident ; si le grammairien rencontre la signification, c'est aussi par accident. La signification est plus noble que l'expression ; l'expression est inférieure à la signification.

Abū Sa'īd : Tu as tort, car la logique, la grammaire, l'expression, la vocalisation correcte, le récit, la narration, l'information, l'interrogation, l'exposition, le souhait, l'exhortation, l'invocation, l'interpellation et la demande appartiennent tous au même courant par ressemblance et analogie. Ne vois-tu pas que si quelqu'un disait que Zayd a exprimé la vérité mais il n'a pas dit vrai, qu'il a parlé en mal mais que ses paroles n'étaient pas mauvaises, qu'il a bien parlé mais qu'il n'était pas éloquent, qu'il a montré son but, mais qu'il ne l'a pas désigné, qu'il a formulé son désir, mais qu'il ne l'a pas exprimé, qu'il a annoncé quelque chose sans informer, il serait en tout cela radoteur, se contredirait lui-même, et aurait proféré un discours insensé, et usé d'un langage inintelligible tant pour lui-même que pour autrui ? La grammaire est une logique ; simplement elle est abstraite de la langue arabe ; la logique est une grammaire ; simplement elle est rendue intelligible par la langue.

Al-Tawḥīdī, *Livre des controverses*,
« La controverse entre al-Sīrāfī et Mattā ibn Yunūs »,
trad. Abdelali Elamrani-Jamal, in *Logique aristotélicienne et grammaire arabe*, Paris, Vrin, 1983, p. 149-154.

Quel est le sujet de la logique ?

Yaḥyā ibn ‘Adī fait partie de la même « école » péripatéticienne à Bagdad que Mattā ibn Yunūs, dont il fut l'élève. En plus de son intérêt pour les questions théologiques et épistémologiques, il prit également part au débat autour de la relation entretenue, dans la sphère du langage, entre la logique et la grammaire et s'efforça dans ce traité de montrer que le domaine de la logique était distinct de celui de la grammaire.

§ 18. Disons donc, pour définir la grammaire, qu'elle est un art qui s'occupe des mots pour opérer entre eux des motions et des pauses[1] suivant l'usage des Arabes.

§ 19. Quant à l'art de la logique, son sujet en premier lieu est constitué par les mots qui signifient, non pas tous, mais seulement ceux qui expriment les choses universelles. Celles-ci sont soit des genres, soit des différences, soit des espèces, soit des propres, soit des accidents universels. Son but est de comparer entre eux les mots qui expriment des significations suivant la composition des choses qu'ils désignent.

§ 20. Que le sujet de l'art de la logique soit en premier lieu les mots, non pas tous, mais seulement ceux qui expriment une signification, cela est évident parce que l'une des notions constitutives de l'essence de la démonstration est le vrai, d'après ce que contient sa définition. Or il est clair que le vrai consiste dans l'adé-

1. Il s'agit ici du couple *ḥaraka-sukūn*, qui correspond à la vocalisation et à l'absence de voyelle en fonction des règles grammaticales.

quation entre ce qui signifie et ce qui est signifié, et sa ressemblance avec lui. Je ne dis pas que l'essence du discours est semblable à l'essence de la chose qu'il exprime ; leur similitude n'est que par accident ; elle consiste dans la convention par laquelle le mot est devenu l'expression de la chose et son substitut, de telle sorte que l'interlocuteur la reconnaisse et s'en ressouvienne. Si le vrai est la similitude entre le mot qui désigne et la chose exprimée, et le discours le composé des mots qui signifient – il n'est pas possible en effet que le mot qui ne signifie pas soit semblable à une chose qu'il exprimerait puisqu'il n'exprime rien du tout –, alors il est évident que le vrai n'existe pas dans les mots sans signification. S'il en est ainsi, et qu'en outre la démonstration est nécessairement vraie, il est évident qu'il n'est pas possible qu'elle existe pour les mots qui ne signifient rien. Il en résulte donc qu'elle existe nécessairement pour les mots qui signifient <quelque chose>.

§ 21. Que le sujet <de la logique> soit constitué par les mots qui expriment des choses universelles, cela est évident par ce qui suit : s'il est apparu d'abord clairement que la démonstration concerne les mots qui signifient ; qu'ensuite chaque mot qui signifie exprime nécessairement soit une signification singulière, soit une signification universelle ; enfin, si la démonstration est un syllogisme certain ; que tout syllogisme certain est dépourvu de toute ambiguïté et hors du doute ; que tout ce qui est hors du doute est distinct et que tout ce qui est distinct est défini, alors tout ce qui est connu par la démonstration est défini. Or tout ce qui est défini est certain, et aucune <chose> singulière n'est certaine, donc aucune chose singulière ne se démontre.

J'entends ici par ce qui se démontre tout ce qui est susceptible de recevoir la forme de la démonstration même s'il ne l'a pas reçue. En outre, tout sujet de l'art de la logique se démontre. Aucune <chose> singulière n'est donc un sujet pour la logique. Ce sont donc les mots qui expriment les choses universelles qui constituent le sujet de l'art de la logique.

§ 22. Il apparaît encore que tel est son sujet par ce qui suit : il est reconnu que le but de l'art de la logique est la démonstration ; or la démonstration est un certain syllogisme ; le but de la logique est donc un certain syllogisme. Or le syllogisme est un certain discours ; le but de la logique est donc un certain discours. La définition du discours est qu'il est une expression douée de signification, dont chacune des parties signifie séparément en tant que mot, non en tant qu'affirmation. Le but de la logique est donc un énoncé composé de parties qui sont les mots signifiant <quelque chose>. Or il est évident que tout ce qui a des parties est un composé de ses parties ; le discours est donc un composé de ses parties ; celles-ci sont les mots qui signifient ; il est donc composé des mots qui signifient ; c'est donc en eux que l'art de la logique effectue sa tâche. Or ce en quoi l'art effectue sa tâche est son sujet ; les mots qui signifient <quelque chose> sont donc le sujet de l'art de la logique.

§ 23. Que son but soit la composition des mots de telle sorte que le composé corresponde à ce que sont, en elles-mêmes, les choses qu'ils expriment, cela se démontre de la manière suivante : puisqu'il a été montré que le sujet de l'art de la logique, dans lequel elle produit la forme de la démonstration, qu'elle a pour but, est constitué par les mots qui expriment les choses universelles, et que ces mots eux-mêmes ne sont pas composés de parties qui, elles-mêmes composées, eussent été vraies – puisque les parties des mots ne signifient rien – ; puisqu'en outre la démonstration est nécessairement vraie et qu'il n'est pas possible que le vrai existe dans les mots isolés tels que « homme » ou « existe », il est donc nécessaire que l'art de la logique compose ces mots les uns avec les autres. Et puisque le vrai n'est pas impliqué dans n'importe quel type de composé de ces mots, mais qu'il l'est en un seul et en nul autre, il est évident que l'art de la logique ne compose pas les mots qui signifient, c'est-à-dire son sujet, selon n'importe quel type de constitution, mais seulement suivant celui qui implique le vrai, c'est-à-dire celui qui correspond aux choses qu'il exprime, telles qu'elles sont. Il a été montré, en outre, que ce que produit tout art dans son sujet est son but. Donc la composition des mots qui expriment des choses universelles, suivant le type de constitution qui correspond aux choses qu'il exprime telles qu'elles sont, est le but de la logique.

§ 24. Telles sont les deux différences constitutives de l'essence de la logique. Établissons au moyen de ces différences et de son genre sa définition. Énonçons donc ainsi la définition de l'art de la logique : un art qui s'intéresse aux mots qui expriment les choses universelles en vue de les composer <les uns avec les autres> suivant un type de composition qui corresponde aux choses qu'ils expriment telles qu'elles sont.

§ 25. À partir de cette définition, et de la définition de la grammaire, établie précédemment, à savoir qu'elle est l'art qui s'intéresse aux mots en vue d'y opérer les motions et les pauses comme le font les Arabes, apparaissent clairement les différences qui les distinguent ; ces deux arts ont des sujets et des buts différents. Le sujet de l'art de la logique est constitué par les mots qui expriment <quelque chose>, non pas les mots de manière absolue mais, parmi ceux qui signifient quelque chose, les mots qui expriment des choses universelles et aucune <chose> singulière ; le sujet de l'art de la grammaire est constitué par les mots de manière absolue, non pas seulement ceux qui expriment <quelque chose> mais aussi ceux qui n'expriment rien. Le but de la logique est de composer entre eux les mots qui constituent son sujet, d'un type de composition dans lequel est contenu le vrai ; le but de l'art de la grammaire est d'opérer dans les mots les motions et les pauses suivant l'usage des Arabes. Telles sont les deux différences distinctives de ces deux arts. La différence entre eux est donc évidente : c'est ce que nous voulions montrer.

Yaḥyā ibn 'Adī

Yaḥyā ibn 'Adī, *Traité sur la différence qui existe entre l'art de la logique philosophique et l'art de la grammaire arabe*, trad. Abdelali Elamrani-Jamal, in *Logique aristotélicienne et grammaire arabe*, Paris, Vrin, 1983, p. 194-197.

La grammaire est une logique arabe et la logique une grammaire rationnelle

Le philosophe Abū Sulaymān al-Siǧistānī, qui fut l'élève de Yaḥyā ibn 'Adī, cherche à montrer que logique et grammaire ne sont pas seulement distinctes, mais aussi et surtout complémentaires et apparentées.

Je dis à Abū Sulaymān : je trouve qu'il y a entre la logique et la grammaire une forte parenté et une étroite ressemblance. Quelle différence y a-t-il donc entre elles ? Se renforcent-elles l'une l'autre par cette communauté ; ou ne concordent-elles pas à cause d'une légère différence ?

Il dit : la grammaire est une logique arabe et la logique est une grammaire rationnelle. Le logicien s'intéresse surtout aux significations, bien qu'il ne lui soit pas permis de négliger l'expression, qui est comme leur vêtement et leur lieu d'exposition ; le grammairien s'intéresse surtout à l'expression, bien qu'il ne puisse négliger les significations, qui sont comme les vérités et les substances des expressions. Ne vois-tu pas que le logicien informe au moyen de l'expression « il pâtit » et que le grammairien parle de son contenu ? Des exemples semblables sont répandus et bien connus dans l'exposé des deux arts et des deux disciplines, je veux dire la logique et la grammaire. De même que négliger la concision de l'expression est un manque, une défection et une faiblesse, de même négliger l'explicitation de la signification est un manque, une défection et une faiblesse. La définition de la compréhension est l'objet de la connaissance ; la définition de l'éloquence et de la rhétorique est objet d'une description. Le besoin de comprendre et de faire comprendre est plus grand chez les usagers d'une langue que le besoin d'éloquence et de rhétorique, car il est premier par nature. Or la nature est plus proche de nous et la raison plus éloignée. Dépendante d'une certaine façon du sens, l'intuition est comprise en lui. On ne doit pas se contenter de la compréhension telle qu'elle se présente ou de quelque manière qu'elle se fait. Le dinar par exemple peut être d'un or impur, mal frappé et d'une monnaie vulgaire. Il peut être aussi d'un or pur, d'une monnaie rare et d'une frappe superbe. Le numismate compétent, à qui revient son évaluation, tantôt le déprécie pour l'un de ces traits, tantôt l'accepte pour d'autres.

La compréhension est de deux sortes : une mauvaise et une bonne compréhension. La première convient aux être inférieurs, c'est leur fin naturelle, leur rang correspond à leur infirmité. La seconde convient à l'ensemble des gens, car elle organise les services et les intérêts. L'éloquence quant à elle dépasse la simple compréhension par le rythme et la construction, la prose rimée, la précision, les tropes, le choix de l'expression, la réduction de l'artifice par le raffinement, l'ampleur et la concision. Cet art appartient en propre à l'âme, car son but est de susciter l'émotion après la compréhension et de toucher le fond des cœurs ; c'est l'œuvre de ceux qui ont la vertu de fortifier l'évidence.

Je demandai : Qu'est-ce donc que la grammaire ?

– D'après ce qui me vient à l'esprit sur le moment, sa définition générale et sans rigueur serait celle-ci : qu'elle est une spéculation sur la langue des Arabes. Elle s'attache à consigner leurs habitudes et leurs traditions ; ce qu'ils distinguent pour en dériver autre chose ou ce qu'ils isolent pour le négliger ; ce qu'ils refusent et ce qu'ils rejettent pour se satisfaire d'autre chose.

Je demandai encore : Qu'est-ce alors que la logique ?

– C'est un instrument de différenciation et de distinction de ce qui se dit être vérité ou erreur, pour ce que l'on croit ; bien ou mal, dans ce que l'on fait ; vrai ou faux, dans le discours ; beau ou laid, dans l'action.

– L'une sert-elle l'autre ?

– Certainement, et de quel service ! L'union de la logique rationnelle à la logique sensible est assurément la fin supérieure et la perfection. Il faut que tu saches que les intérêts de la grammaire sont restreints à la tradition des Arabes en premier lieu, et qu'ils ne concernent qu'eux ; que la logique s'applique à la tradition de tous les êtres doués de raison, de quelque génération qu'ils soient ou en quelque langue qu'ils s'expriment. Il se peut qu'un peuple use de noms qui n'existent pas chez un autre peuple. L'extension de la logique est alors bornée par l'absence des mots propres ou par leur usage différent ; <ils diffèrent à ce point de vue> soit par convention et synonymie, soit par nature et tradition.

Il dit : En somme la grammaire construit un ordre dans l'expression qui conduit à la vérité établie ; la logique ordonne la signification suivant l'ordre qui la conduit à la vérité reconnue en l'absence d'une tradition antérieure. La preuve en logique est prise dans la raison ; la preuve en grammaire est issue de l'usage. Le signe qu'utilise la grammaire est naturel ; le signe de la logique est rationnel ; la grammaire est limitative, la logique est extensive. La grammaire suit ce qu'il y a dans le tempérament des Arabes ; la logique suit ce qu'il y a de permanent dans les âmes, elle se maintient dans la concordance. Le recours à la grammaire est plus grand que le recours à la logique, comme le besoin de parole en général est plus grand que le besoin d'éloquence, car celui-ci est premier et celui-là second. La grammaire est la première recherche de l'homme et la logique l'une de ses dernières volontés. Par sa nature première, tout homme est logicien : il néglige seulement de mettre au jour sa compétence. Mais tout homme n'est pas grammairien à l'origine.

L'erreur en grammaire se dit « fausse diction », l'erreur en logique se dit « impossibilité ». La grammaire est la réalisation de la signification par l'expression ; la logique est la réalisation de la signification par la raison. Une expression peut se substituer à une autre expression ; quant à la signification, elle ne peut, dans sa permanence, ni se déplacer ni s'altérer. Si la signification se change en une autre, l'intelligible change et devient autre que ce qu'il était auparavant. La grammaire entre dans la logique pour l'ordonner. La logique entre dans la grammaire pour lui donner la valeur du vrai. Certaines intentions peuvent être comprises même si leur formulation est dépourvue de grammaticalité, mais l'on ne peut rien en comprendre si elles sont dépourvues de raison. La raison est de la meilleure conformité à la logique ; la grammaire est de la plus grande solidarité avec le sens. La grammaire est une configuration auditive, et la logique une configuration rationnelle. La preuve de la grammaire est sensible, celle de la logique est rationnelle. La grammaire emprunte plus à la logique pour être mieux fondée que la logique n'emprunte à la grammaire pour se consolider et s'affirmer. La logique est le « poids étalon » de la raison ; la grammaire est une unité de mesure du « volume » de l'expression. C'est pour cela que l'on parle en grammaire d'irrégularités, de singularités, de mauvais *manṭiq*, d'autres qualificatifs semblables.

Voilà ce que j'ai retenu de son exposé. Ce chapitre est ouvert et on peut en dire ce qui, du même genre, témoigne en faveur de ses propos.

Abū Sulaymān al-Siğistānī

Al-Tawḥīdī, *Livre des controverses*, « De ce qu'il y a de commun entre la logique et la grammaire », trad. Abdelali Elamrani-Jamal, in *Logique aristotélicienne et grammaire arabe*, Paris, Vrin, 1983, p. 164-167.

2

Logique, rhétorique et dialectique : l'*Organon* long

Les débats autour du rôle de la logique furent l'occasion pour les logiciens de réfléchir à ce qui constituait le domaine de la logique, mais aussi de se demander jusqu'où s'étendaient les frontières de ce domaine. En effet, si l'*Organon* d'Aristote constitue le cœur du corpus logique commenté par les philosophes arabes, l'*Organon* élaboré par la tradition arabe ne correspond pas exactement à la version moderne. En plus des six traités, les *Catégories*, *De l'interprétation*, les *Premiers* et les *Seconds Analytiques*, les *Topiques* et les *Réfutations sophistiques*, qui traitent des opérations logiques que sont le raisonnement démonstratif, la définition, la réfutation ou la conception, les philosophes arabes intègrent au corpus logique aristotélicien la *Rhétorique* et la *Poétique*, en estimant que la persuasion et la production d'images peuvent elles aussi être analysées en termes logiques. Al-Fārābī est l'un des principaux défenseurs de cet *Organon* long. Ainsi, dans le *Traité sur les règles et de l'art des poètes*, il explique que les énoncés rhétoriques et poétiques sont également porteurs de valeurs de vérités. Alors que les énoncés démonstratifs sont « nécessairement et universellement vrais, ou bien nécessairement et universellement faux », les énoncés dialectiques sont « vrais en partie et majoritairement », tandis que les énoncés rhétoriques sont « vrais à égalité », les sophistiques « vrais en partie et minoritairement » et les poétiques « universellement et nécessairement faux »[1]. La théorie de l'*Organon* long, également appelée « théorie du contexte », car elle invite à étudier chaque discours en fonction de son contexte (discours poétique, rhétorique, dialectique, démonstratif), passe par une définition riche de la notion d'assentiment : tous les discours qui cherchent à provoquer l'assentiment de leur destinataire peuvent être étudiés grâce aux règles de la logique.

1. Al-Fārābī, *Traité sur les règles de l'art des poètes*, in al-Fārābī, *Philosopher à Bagdad au X*[e] *siècle*, *op. cit.*, p. 121.

La religion utilise les moyens logiques de la rhétorique et de la dialectique

Al-Fārābī, dans le *Livre des Lettres*, expose les différents stades d'élaboration du langage. Il vient d'expliquer comment les hommes inventèrent la philosophie, à la suite de la rhétorique et de la dialectique, et entreprend ensuite de montrer comment les deux arts du langage religieux, la théologie (*kalām*) et la jurisprudence, doivent être compris en termes logiques comme des formes de syllogisme rhétorique et dialectique.

§ 143. Ils continuèrent de pratiquer cela[1] jusqu'à ce que les choses se stabilisent au point où elles se sont stabilisées au temps d'Aristote. La théorie scientifique arrive à son terme lorsque toutes les méthodes sont distinguées, et lorsque la philosophie théorique et <la philosophie> pratique universelle sont achevées et qu'elles ne contiennent plus de sujet à examiner. <La philosophie> devient un art qui s'apprend et s'enseigne seulement. Elle est enseignée à une audience privée ou en commun à tous. L'enseignement privé s'opère par les méthodes démonstratives seulement, tandis que l'enseignement commun, qui est public, s'opère par les méthodes dialectiques, rhétoriques ou poétiques. Cependant, les <méthodes> rhétoriques et poétiques sont plus propres à être utilisées pour enseigner à la multitude les choses théoriques et pratiques à propos desquelles l'opinion

1. C'est-à-dire la philosophie, la rhétorique et de la dialectique.

est déjà établie, et que la démonstration a déjà vérifiées.

§ 144. À la suite de tout cela, on eut besoin de légiférer et d'enseigner à la multitude les propositions théoriques qui avait été inférées, conclues, et vérifiées grâce aux démonstrations, ainsi que les affaires pratiques inférées grâce à la faculté de prudence. L'art de légiférer consiste dans le pouvoir de bien suggérer par des images ceux des intelligibles théoriques qu'il est difficile à la multitude de concevoir. Il consiste aussi dans le pouvoir de bien inférer chacune des actions politiques utiles à l'obtention du bonheur, ainsi que dans le pouvoir de bien persuader, relativement aux affaires théoriques et pratiques, que la multitude doit apprendre grâce à l'ensemble des méthodes de persuasion. Si les lois de ces deux types sont établies, et qu'on leur ajoute les méthodes par lesquelles la multitude est persuadée, enseignée et éduquée, la religion[1] verra le jour, et c'est à travers elle que la multitude sera enseignée, éduquée et qu'elle recevra tout ce qui mène au bonheur.

§ 145. Considérons que, à la suite de cela, apparaît un groupe qui contemple tout ce que la religion englobe. Mettons qu'un de ses membres considère les choses pratiques particulières qu'a explicitement déclarées admises le fondateur de la religion. S'il entreprend d'inférer à partir d'elles ce que ce dernier n'a pas eu l'occasion de déclarer explicitement, et s'il prend exemple sur ce que <le législateur> a inféré et imite l'intention qu'il a exprimée dans ce qu'il a explicitement déclaré, l'art de la jurisprudence verra le jour. Si, en plus de cela, un groupe désire inférer, à partir des

1. Le terme arabe est *milla*, qui désigne la religion en tant que principe organisateur de la communauté. Le fondateur de la religion est donc le législateur.

choses théoriques et des choses pratiques universelles, ce que le fondateur de la religion n'a pas déclaré explicitement, à partir de ce qu'il a déclaré explicitement, en prenant exemple sur ce qu'il a explicitement déclaré, un autre art verra le jour, l'art de la théologie. Et s'il se trouve un groupe qui désire invalider ce qu'il y a dans cette religion, les théologiens auront besoin d'un pouvoir capable de faire triompher cette religion, d'éclairer[1] ceux qui s'y opposent et de critiquer les raisonnements captieux destinés à invalider ce qui a été explicitement déclaré dans la religion. C'est alors que l'art de la théologie sera achevé. Les arts correspondant à ces deux pouvoirs verront ainsi le jour. Il est clair que cela ne peut arriver que grâce aux méthodes communes, c'est-à-dire les méthodes rhétoriques.

Al-Fārābī

Al-Fārābī, *Livre des Lettres*, éd. inédite Muhsin Mahdi, copie de l'Institut français du Proche-Orient, Damas, 1985-1990, chap. XXIII, § 143-145, p. 90-91. La traduction est nôtre.

1. Nous lisons *yubaṣṣirūna*.

Le discours poétique est un syllogisme imaginatif

Avicenne, à la suite d'al-Fārābī, considère que la poésie peut être étudiée d'un point de vue logique car elle utilise aussi le syllogisme. Dans ce texte, où l'on peut constater son goût pour les exemples hauts en couleur, il explique comment fonctionne les deux syllogismes, poétique et imaginatif.

Le syllogisme poétique, même s'il ne cherche pas à provoquer l'assentiment mais l'imagination, provoque quand même l'assentiment. On ne l'accuse pas d'être mensonger, sous prétexte qu'il est poétique. Il utilise ses prémisses en tant qu'elles sont admises. Par exemple, si <le poète> dit : « Untel est une lune parce qu'il est beau », alors c'est comme s'il avait énoncé le syllogisme suivant : « Untel est beau, et tout ce qui est beau est une lune, alors Untel est une lune ». Pour ce discours également, si <les prémisses> qu'il contient sont admises, alors la proposition qui en dérive est impliquée. Mais le poète ne cherche pas, dans son for intérieur, à ce que cette implication emporte l'adhésion, même s'il semble qu'il le cherche, vu que c'est un poète. Bien plutôt, grâce à cette implication, il veut nous suggérer par des images de considérer par nous-mêmes l'homme <ainsi> loué comme beau. C'est la même chose quand il dit : « La rose est un anus de mule au milieu duquel se trouve du crottin[1]. » C'est comme s'il tentait de dire : « Tout ce qui est anus de mule correspondant à cette description est sale et souillé. » Même si son discours

1. L'exemple reproduit un vers du poète al-Rūmī (mort en 896).

est un syllogisme – c'est-à-dire que, si ses prémisses sont admises, elles impliquent ce qui est visé –, il n'entend pas, en le tenant, donner la preuve que cette opinion emporte l'adhésion avec justesse, mais il veut suggérer par des images à l'âme d'être dégoûtée de ce qui est dit.

Avicenne

Avicenne, *Livre de la guérison*, « La logique », IV, « Le syllogisme », éd. S. Zayed, Le Caire, 1964, 57.9-58.4. La traduction est nôtre.

Assentiment et conception

Averroès commente ici le passage 71a1-17 des *Seconds Analytiques* d'Aristote. Il met en place deux notions logiques fondamentales, l'assentiment (*taṣdīq*) et la conception (*taṣawwur*), en donnant de l'assentiment une compréhension très riche, puisqu'il peut être produit non seulement par le syllogisme, mais aussi par l'induction et par l'illustration. Ce dernier cas est par exemple celui de l'assentiment donné au texte révélé par une partie des hommes.

Tout enseignement et tout apprentissage qui ont lieu par un raisonnement procèdent d'une connaissance préexistante chez l'apprenant, sans laquelle il ne pourrait rien apprendre. L'induction montre clairement que ce propos est juste. En effet, si on examine le cas des mathématiques[1] et des disciplines théoriques semblables, il est manifeste que le savoir qui est acquis à leur sujet par l'apprentissage procède d'une connaissance préexistante chez l'apprenant. La même chose est manifeste pour l'ensemble des choses qui s'apprennent par le discours. Ce qui précède montre que cela est juste, à savoir que l'assentiment à un discours peut être produit soit par le syllogisme, soit par l'induction ou l'illustration à l'aide de ce dont l'explication montre la similitude. Dans le cas de celui qui apprend par le syllogisme, il est nécessaire, avant qu'il apprenne le résultat du syllogisme, que préexiste

1. En arabe *al-'ulūm al-ta'ālīmīya*, « les sciences qui s'enseignent », traduction littérale du grec *aï mathèmatikaï*.

en lui la connaissance des prémisses du syllogisme. Or celui qui vérifie les prémisses universelles par induction doit aussi posséder la connaissance des particuliers qui servent de prémisses à la connaissance des universaux. De la même manière, dans le cas de celui qui apprend quelque chose par la voie de l'illustration et de la persuasion, il faut aussi que préexiste en lui la connaissance de la chose qui illustre, avant de connaître celle dont il acquiert la connaissance grâce à l'illustration.

Le savoir qui doit préexister à la connaissance de tout ce qui peut être saisi par le raisonnement et le syllogisme est de deux sortes : soit il s'agit du savoir que la chose existe ou n'existe pas, et c'est ce qu'on appelle l'assentiment ; soit il s'agit du savoir de ce que signifie le nom de la chose, et c'est ce qu'on appelle la conception. Pour certaines choses, il est seulement nécessaire que l'apprenant sache par avance que la chose existe. Par exemple, la prémisse selon laquelle, pour toute chose, il est vrai soit de l'affirmer, soit de la nier. Les prémisses semblables à celles-ci requièrent seulement qu'on sache si c'est le cas. Personne ne les rejette, sauf les sophistes. Pour certaines choses, il faut seulement savoir par avance ce que signifie leur nom. Par exemple, le géomètre sait ce que désigne le nom de « cercle » dans son art, ainsi que celui de « triangle ». Certaines choses nécessitent que l'apprenant connaisse par avance les deux ensemble, comme par exemple pour l'unité [*al-waḥda*] : il faut qu'il connaisse ce que signifie son nom, et si elle existe. Ainsi, savoir que la chose existe est différent de savoir ce que signifie son nom. On peut savoir ce que signifie le nom <d'une chose> sans savoir si elle existe. Mais le contraire n'est pas vrai : celui qui sait qu'une chose existe doit forcément savoir ce que signifie le nom.

Averroès

Averroès, *Commentaire moyen sur les* Seconds Analytiques, éd. Gérard Ǧihāmī, Beyrouth, Dār al-Mashriq, 1992, 369.5-370.10. La traduction est nôtre.

3

Philosophie et loi religieuse

Comment la philosophie, qui tire ses principes de la raison, peut-elle se rapporter aux textes sacrés, issus de la révélation ? Ces derniers sont-ils susceptibles d'une lecture logique ? La relation entre philosophie et loi religieuse connut une profonde évolution du IXe au XIIe siècle. Pour al-Kindī, qui écrit au IXe siècle, le discours prophétique est en accord avec le discours philosophique, qu'il surpasse par sa concision et sa clarté. Au Xe siècle, al-Fārābī réorganise les rapports entre philosophie et textes révélés, marqués par un rapport de subordination des seconds à la première. Les textes religieux suggèrent par des images ce que le discours philosophique expose de manière démonstrative, afin qu'ils puissent être compris de tous.

Dans le sillage d'al-Fārābī, Averroès, au XIIe siècle, défend une lecture interprétative des versets du texte révélé dont le sens n'est pas explicite, mais caché. Pour cela, il se fonde sur une conception hiérarchique des capacités intellectuelles distribuées entre les hommes : certains sont capables de saisir les raisonnements démonstratifs, tandis que d'autres doivent être persuadés par des arguments dialectiques, et d'autres enfin par des arguments simplement rhétoriques. Il donne un exemple de la double lecture qui doit être faite du discours religieux dans son *Livre sur le dévoilement des méthodes*. À la question « Qu'est-ce que Dieu ? », le discours révélé répond : « Dieu est la lumière des cieux et de la terre ». Cette représentation de Dieu par la lumière est extrêmement bien choisie pour le philosophe car la lumière est sensible (or la foule a besoin d'images sensibles), sans être toutefois saisissable par la vue ou par l'entendement, et elle ne réside pas non plus dans un corps. De plus, la lumière est ce qui permet aux couleurs d'exister, de même que Dieu est la cause de l'existence des êtres[1].

1. Averroès, *Livre sur le dévoilement des méthodes*, *L'Islam et la Raison*, éd. et trad. Marc Geoffroy, Paris, Flammarion, « GF », 2000, p. 128-130.

L'accord de la philosophie et de la religion

L'œuvre d'al-Kindī est représentative du climat intellectuel du IXe siècle et des débuts de la philosophie arabe médiévale, alors que philosophie et théologie entretenaient des liens beaucoup plus étroits qu'elles ne le firent à partir d'al-Fārābī (voir texte suivant). Cependant, dans ce texte tiré de son traité *Sur la quantité des livres d'Aristote*, il n'est nulle question de dévaluation de la philosophie au nom de la religion. Al-Kindī défend fortement l'accord de la parole prophétique et de la parole philosophique, qui disent toutes deux la vérité. Seulement, le prophète l'exprime mieux que le philosophe.

Considérons attentivement les réponses des prophètes aux questions qui lui furent posées à propos de certaines choses cachées et vraies. Lorsque le philosophe entreprend d'y répondre et utilise avec effort sa propre méthode, qui lui procure la connaissance de ces choses à force de longtemps s'entraîner à la recherche et de s'exercer, nous ne le voyons pas avancer des réponses aussi concises, claires, directes et comprenant ce qui était demandé que celles <des prophètes>. Prenons par exemple la réponse que fit le Prophète – que la paix soit sur lui – aux questions que lui posèrent les polythéistes. Il tira ses réponses de ce que lui avait enseigné Celui qui est en tout omniscient, et qui n'a ni commencement ni fin, mais qui est éternel, dans le passé comme dans le futur. Ils lui demandèrent, à la manière d'un défi, car ils pensaient qu'il ne trouverait pas de réponse à ce qui était visé par la question : « Muḥammad, qui <peut> redonner la vie à des os, lorsqu'ils sont réduits en poussière ? » Car cela était pour eux une source de controverse[1]. L'Un – qu'Il soit exalté – lui révéla la réponse. « Dis : Celui-là les fera revivre, qui les a créés une première fois car, de toute création, Il est omniscient » jusqu'à « "Sois !" et elle est »[2].

Quel signe pourrait être plus clair et plus concis dans les esprits lucides et purs que de dire que si les os ont été, même s'ils ne sont plus, il est possible, quand ils disparaissent après qu'ils ont été et qu'ils sont réduits en poussière, qu'ils soient à nouveau ? Rassembler ce qui est dispersé est plus aisé que de le créer la première fois et plus simple que d'en être à l'origine[3]. Mais pour leur Créateur, c'est le même <acte>, ni plus difficile ni plus facile, car la puissance qui a fait venir à l'être peut <re>créer la chose qu'elle a fait disparaître. Le fait qu'ils existent, après avoir été annihilés, est perceptible par les sens, sans parler de l'esprit. Celui qui pose cette question, qui ne croit pas en la puissance de Dieu – qu'Il soit loué –, doit lui-même reconnaître qu'il est, après n'avoir pas été, et que ses os, qui n'étaient pas quand lui-même n'était pas, sont venus à l'existence, nécessairement.

1. Nous retenons ici l'édition de M. Guidi et R. Walzer, *Uno scritto introduttivo allo studio di Aristotele*, Rome, Reale Accademia nazionale dei Lincei, 1940.

2. Coran XXXVI, 79-82. Al-Kindī ne cite que le début et la fin du passage. Par souci de clarté, nous le retranscrivons ici en empruntant la traduction à Régis Blachère (Paris, Maisonneuve et Larose, 2005, p. 473-474) : « Réponds : Celui-là les fera revivre, qui les a créés une première fois car, de toute création, Il est omniscient. C'est Lui qui a mis pour vous un feu, dans l'Arbre vert dont vous allumez votre foyer. Eh quoi ! Celui qui a créé les cieux et la terre n'est-il point capable de créer des êtres semblables à ces créatures ? Mais si ! Il est le Créateur, l'Omniscient. Son ordre – quand Il veut une chose – se réduit uniquement à dire : "Sois !" et elle est. »

3. Même chose que note 1.

Puis, après qu'ils n'étaient <plus>, ils sont restaurés et reviennent à la vie, de la même manière. Dès lors, ils existent à nouveau après n'avoir <plus> existé.

Puis il expliqua que la génération d'une chose a lieu à partir de son contraire, quand il dit : « C'est lui qui a mis pour vous un feu, dans l'Arbre vert dont vous allumez <votre foyer>[1]. » Il a fait du feu à partir de ce qui n'était pas du feu, ou de la chaleur à partir de ce qui n'était pas de la chaleur. Ainsi, une chose advient à partir de son contraire, nécessairement. En effet, si ce qui advient n'advient pas à partir de la substance de son contraire, sans qu'il y ait d'intermédiaire entre les contraires – et par contraire je veux dire « cela » et « non-cela » –, alors la chose advient par elle-même. Mais son essence doit alors être fixée pour toujours, être éternelle et sans commencement. Si le feu[2] ne vient pas du non-feu, alors il doit venir du feu, si bien que le feu viendra du feu, et ce feu d'un autre feu, et inévitablement, il y aura éternellement et à l'infini du feu qui viendra du feu et du feu qui viendra du feu. Ainsi, le feu sera présent depuis l'éternité, et il n'y aura jamais aucun état dans lequel il n'existera pas. Par conséquent, il ne pourra pas y avoir du feu à nouveau après qu'il a cessé d'exister. Mais les feux existent en effet après qu'ils ont cessé d'exister, et ils sont détruits après avoir existé. Donc, la seule possibilité qu'il reste est que le feu vienne du non-feu. Ainsi, tous les étants ne sont pas générés à partir d'eux-mêmes, et tout ce qui est généré est généré à partir de ce qui n'est pas lui.

Ensuite, pour clarifier la génération d'une chose à partir de son contraire, il dit : « Eh quoi ! Celui qui a

1. Coran XXXVI, 80 (*op. cit.*, p. 474).
2. Nous retenons ici l'édition de M. Guidi et R. Walzer, *Uno scritto introduttivo allo studio di Aristotele*, *op. cit.*

créé les cieux et la terre n'est-Il point capable de créer des êtres semblables à <ces incrédules>[1] ? » Puis il répondit, car cela s'ensuivait nécessairement : « Mais si ! Il est le créateur, l'Omniscient[2]. »

Dans leurs cœurs, les incroyants niaient la création des cieux parce qu'ils s'étaient formé, concernant le laps de temps nécessaire à leur création, une opinion basée sur les actions des hommes – car, dans le cas des hommes, le travail le plus important nécessite la durée la plus longue, si bien que les choses sensibles les plus imposantes nécessitent le laps de temps le plus long pour être produites. C'est pourquoi il dit que Lui – grande soit Sa louange – n'a besoin d'aucun laps <de temps> pour faire venir quelque chose à l'être. Cela est clair, car Il produit « cela » à partir de « non-cela ». Celui dont le pouvoir est si grand qu'Il produit des corps à partir de non-corps, et fait venir à l'être à partir du non-être, n'a pas besoin de produire dans le temps, car Il est capable de produire sans matière. En effet, puisque les hommes ne peuvent agir sans matière, Celui qui n'a pas besoin de matière pour faire ce qu'il fait n'a pas non plus besoin de le faire dans le temps. « Son ordre – quand Il veut une chose – se réduit uniquement à dire : "Sois !" et elle est[3]. » C'est-à-dire qu'il veut, et en même temps que sa volonté vient à exister ce qu'il a voulu.

Al-Kindī

Al-Kindī, *Sur la quantité des livres d'Aristote*,
éd. M. Abū Rīda, Francfort, 1999, p. 373-375.
La traduction est nôtre.

1. Coran XXXVI, 81 (*ibid.*, p. 474).
2. Coran XXXVI, 81 (*ibid.*, p. 474).
3. Coran XXXVI, 82 (*ibid.*, p. 474).

Les lois divines tombent sous les universaux de la philosophie

Avec al-Fārābī, les rapports entre le discours religieux et le discours philosophique changent au profit d'une plus grande autonomie de la philosophie. Dans le *Livre de la religion*, il défend lui aussi l'accord entre la religion – tout du moins la religion vertueuse – et la philosophie, mais cet accord passe désormais par la subordination de la religion aux vérités philosophiques universelles, dont chaque religion ne représente que des instances particulières et imagées.

§ 5. Ainsi la religion vertueuse ressemble-t-elle à la philosophie. De même qu'il y a une philosophie théorique et une philosophie pratique, la théorique et spéculative étant celle qu'un homme, quand il la sait, ne peut mettre en pratique et la pratique celle qu'un homme, quand il la sait, peut mettre en pratique, il en va de même pour la religion.

De plus, les choses pratiques de la religion sont ce dont les universaux se trouvent dans la philosophie pratique. En effet, les choses pratiques de la religion sont ces universaux réglementés par des clauses qui leur ont été attachées. Or ce qui est attaché à des clauses est plus particulier que ce qui est absolu et sans clause : par exemple, lorsque nous disons « l'homme qui écrit », cela est plus particulier que « l'homme ». Il s'ensuit donc que toutes les lois divines vertueuses tombent sous les universaux de la philosophie pratique.

Quant aux opinions théoriques de la religion, leurs

démonstrations se trouvent dans la philosophie théorique et elles sont prises dans la religion sans démonstration.

Il s'ensuit donc que les deux parties dont l'agglomération fait la religion tombent sous la philosophie, parce qu'on ne dit d'une chose qu'elle est partie d'une science, ou tombe sous une science, que de l'une des deux manières que voici : premièrement en tant que les démonstrations de ce qui y est pris sans démonstration se trouvent dans cette science, ou bien lorsque la science qui embrasse les universaux est ce qui donne les causes des particuliers qui tombent sous elle.

Il s'ensuit donc que la partie pratique de la philosophie est ce qui donne les causes des clauses qui réglementent les actions en vue de quelque chose que l'on soumette à une clause et de quelque fin que l'on prenne pour objectif d'atteindre au moyen de ces clauses. Si d'autre part la science d'une chose en est la science démonstrative, c'est donc cette partie de la philosophie qui donne les démonstrations de ce qui est compris dans la religion vertueuse. Il s'ensuit donc que le métier royal, à partir duquel la religion s'agglomère, tombe sous la philosophie.

Al-Fārābī

Al-Fārābī, *Le Livre de la religion*, § 5, trad. Stéphane Diebler, *Philosopher à Bagdad au X*[e] *siècle*, Paris, Seuil, « Points Essais », 2007, p. 53-55.

Sur l'interprétation du texte révélé

Dans le *Discours décisif sur l'accord entre la religion et la philosophie*, Averroès défend la possibilité d'une lecture démonstrative de certains versets du texte révélé, en vertu du principe selon lequel « la vérité ne peut être contraire à la vérité ». Il s'oppose ainsi à l'école juridique ash'arite qui entend imposer à toute la communauté musulmane les conclusions obtenues par sa propre méthode herméneutique. Cependant, explique Averroès, tous les versets ne sont pas susceptibles d'interprétation, seuls le sont ceux dont le sens n'est pas obvie. Son discours sur la possible interprétation du texte révélé aura une grande influence sur Thomas d'Aquin[1].

§ 16. Il existe une hiérarchie des natures humaines pour ce qui est de l'assentiment : certains hommes assentent par l'effet de la démonstration ; d'autres assentent par l'effet des arguments dialectiques, d'un assentiment similaire à celui de l'homme de la démonstration, car leurs natures ne les disposent pas à davantage ; d'autres enfin assentent par l'effet des arguments rhétoriques, d'un assentiment similaire à celui que donne l'homme de démonstration aux arguments démonstratifs.

§ 17. Ainsi, comme notre divin texte révélé appelle les hommes <en leur présentant> ces trois méthodes, il

1. Voir Thomas d'Aquin, *Somme théologique. Première partie, Dieu*, trad. A. D. Sertillanges, Paris/Tournai/Rome, Desclée & Cie, 1958 (6e éd.), 1a, q. 1, art. 9-10, p. 32-63.

doit <nécessairement> produire l'assentiment de la totalité des hommes, excepté ceux qui le désavouent en parole par obstination, ou de ceux <dans l'esprit desquels> la validité des méthodes qui y sont mises en œuvre pour appeler à connaître Dieu – exalté soit-Il – ne s'est pas établie, du fait d'une négligence imputable à eux-mêmes. C'est pourquoi la mission du Prophète – sur lui soit la paix – possède cette particularité d'avoir été adressée à tout homme, blanc et noir : parce que la révélation apportée par lui comprend l'ensemble des méthodes par lesquelles on connaît Dieu – exalté soit-Il. Ceci est d'ailleurs explicitement dit dans ce verset : « Appelle les hommes dans le chemin de ton Seigneur, par la sagesse et la belle exhortation ; et dispute avec eux de la meilleure manière[1]. »

§ 18. Puisque donc cette révélation est la vérité, et qu'elle appelle à exercer l'examen rationnel qui assure la connaissance de la vérité, alors nous, musulmans, savons de science certaine que l'examen <des étants> par la démonstration n'entraînera nulle contradiction avec les enseignements apportés par le texte révélé : car la vérité ne peut être contraire à la vérité, mais elle s'accorde avec elle et témoigne en sa faveur.

§ 19. S'il en est ainsi, et que l'examen démonstratif aboutit à une connaissance quelconque à propos d'un étant quel qu'il soit, alors de deux choses l'une : soit sur cet étant le texte révélé se tait, soit il énonce une connaissance à son sujet. Dans le premier cas, il n'y a même pas lieu à la contradiction, et le cas équivaut à celui des statuts légaux non édictés par le texte, mais que le juriste déduit par syllogisme juridique. Dans le second, de deux choses l'une : soit le sens obvie de l'énoncé est en accord avec le résultat de la démonstration, soit il le

1. Coran XVI, 125.

contredit. S'il y a accord, il n'y a rien à en dire ; s'il y a contradiction, alors il faut interpréter le sens obvie.

§ 20. Ce que l'on veut dire par « interprétation », c'est le transfert de la signification du mot de son sens propre vers son sens tropique, sans infraction à l'usage tropologique de la langue arabe d'après lequel on peut désigner une chose par son analogue, sa cause, son effet, sa conjointe ou par d'autres choses mentionnées comme faisant partie des classes de tropes. Si le juriste procède ainsi dans de nombreux cas pour établir des statuts juridiques, le tenant de la science démonstrative est d'autant plus fondé à faire de même. Car le juriste n'use que d'un syllogisme opinatif, tandis que celui qui connaît vraiment Dieu use d'un syllogisme certain.

§ 21. Nous affirmons catégoriquement que partout où il y a contradiction entre un résultat de la démonstration et le sens obvie d'un énoncé du texte révélé, cet énoncé est susceptible d'être interprété suivant des règles d'interprétation <conformes aux usages tropologiques> de la langue arabe. C'est là une proposition dont nul musulman ne doute et qui ne suscite point d'hésitation chez le croyant. Mais combien encore s'accroît la certitude qu'elle est vraie chez celui qui s'est attaché à cette idée et l'a expérimentée, et s'est personnellement fixé pour dessein d'opérer la conciliation de la connaissance rationnelle et de la connaissance transmise !

§ 22. Nous disons même plus : il n'est point d'énoncé de la révélation dont le sens obvie soit en contradiction avec les résultats de la démonstration, sans qu'on puisse trouver, en procédant à l'examen inductif de la totalité des énoncés particuliers du texte révélé, d'autre énoncé dont le sens obvie confirme l'interprétation ou est proche de le confirmer. C'est pourquoi il y a consensus chez les musulmans pour considérer que les énoncés littéraux de la révélation n'ont pas tous à être pris dans leur sens obvie, ni tous à être étendus au-delà du sens obvie par l'interprétation ; et divergence quant à savoir ce qui est à interpréter et ce qui ne l'est pas. Ainsi les ash'arites interprètent-ils le verset évoquant l'assise <divine> et la tradition évoquant la descente <de Dieu>, tandis que les ḥanbalites leur attribuent un sens obvie.

Averroès

Averroès, *Discours décisif*, trad. Marc Geoffroy, Paris, Flammarion, « GF », 1996, § 16-22, p. 116-119.

II

PHILOSOPHIE NATURELLE ET PSYCHOLOGIE

La philosophie naturelle englobe l'étude de tous les phénomènes naturels, allant des mouvements des astres à l'étude des animaux. Dans cette partie, nous avons privilégié deux domaines : la physique et la psychologie, c'est-à-dire l'étude de l'âme.

La physique constitue le cœur de la philosophie naturelle. Au sens strict, philosophie naturelle et physique sont même synonymes. En effet, les philosophes arabes partent de la définition de la nature qu'ils trouvent chez Aristote, selon laquelle la nature est « un certain principe, à savoir une cause du fait d'être mû et d'être en repos pour ce à quoi elle appartient immédiatement par soi et non par accident[1] ». La philosophie naturelle porte ainsi, avant tout, sur le changement, et plus particulièrement le mouvement, et sur les notions apparentées au mouvement : l'infini, le lieu, le vide et le temps. L'existence de l'infini en acte est rejetée par la plupart des philosophes et théologiens, car il rendrait le mouvement impossible. Quant au lieu, la majorité des philosophes arabes adoptent la définition aristotélicienne : « la limite

1. Aristote, *Physique*, trad. Pierre Pellegrin, Paris, Flammarion, « GF », 2002, 192b21, p. 116.

du corps enveloppant à l'endroit où il touche le corps enveloppé[1] ». L'existence du vide est également rendue impossible par la définition aristotélicienne du lieu pour la plupart des philosophes. Enfin, le temps est généralement défini comme la mesure du mouvement.

Dans le domaine physique, le dialogue entre philosophes et théologiens fut particulièrement étroit. Les théologiens adoptèrent en général une conception atomiste de la nature. L'un de leurs arguments met en scène le trajet d'une fourmi s'efforçant de traverser une sandale. La fourmi doit d'abord atteindre la moitié de la sandale, puis la moitié de cette moitié, et ainsi de suite à l'infini, si on considère que l'espace est continu. Or il ne fait aucun doute que la fourmi finit pourtant par atteindre l'autre versant de la sandale. Donc, l'espace doit être composé de parties indivisibles et discrètes, les atomes. Al-Naẓẓām, l'un des rares théologiens anti-atomistes, répondit à cet argument grâce à sa théorie du saut : la fourmi peut aussi traverser certains points et sauter par-dessus d'autres points[2]. Les philosophes se démarquèrent des théologiens en rejetant l'atomisme, conformément aux enseignements d'Aristote, à l'exception notable d'al-Rāzī.

L'étude de l'âme est centrée autour de trois questions essentielles : quelle est la nature de l'âme ? Quelle est sa relation au corps ? Comment connaît-elle le monde ? Les philosophes se rangent pour la plupart derrière la définition aristotélicienne de l'âme comme « forme d'un corps naturel qui a potentiellement la vie[3] ». Dès lors,

1. *Ibid.*, IV, 4, 212a5, p. 221.
2. Alnoor Dhanani, *The Physical Theory of Kalām. Atoms, Space and Void in Basrian Mu'tazilī Cosmology*, *op. cit.*, p. 160.
3. Aristote, *De l'âme*, trad. Richard Bodéüs, Paris, Flammarion, « GF », 1997, III, 1, 412a19, p. 136.

les plantes et les animaux sont également dotés d'une âme. Mais l'âme des plantes, des animaux et des hommes n'a pas la même perfection. Les philosophes arabes, pour la plupart, acceptent la distribution des différentes facultés de l'âme en âme végétative, appétitive et rationnelle. Chez tous les vivants, l'âme assure les fonctions rudimentaires que sont la nutrition, la croissance et la reproduction. Chez les animaux, elle permet aussi le mouvement, la sensation et la perception. En plus de ces deux facultés, l'homme possède une âme rationnelle, l'intellect.

Mais la science de l'âme chez certains philosophes arabes fut aussi marquée par la partie médicale du *Timée* de Platon. Cette influence est très nette, par exemple, sur la doctrine de l'âme chez al-Rāzī. En effet, la théorie aristotélicienne des rapports entre l'âme et le corps, exposée en particulier dans les traités biologiques, était incompatible avec les progrès de la médecine depuis Galien, particulièrement importants à l'époque islamique. La biologie est ainsi sans doute le domaine où les tensions avec la philosophie naturelle aristotélicienne se font le plus durement sentir et où, au contraire, la tradition platonicienne du *Timée* connut le plus grand succès. Sous l'influence de la médecine, les philosophes furent amenés à reconsidérer certains enseignements d'Aristote, à la lumière des découvertes de Galien à propos des nerfs et de leurs propres avancées. Ainsi, al-Rāzī, influencé par les observations anatomiques du médecin grec, remet en question le dogme aristotélicien exigeant que les différentes puissances de l'âme aient une source unique, le cœur, lequel serait l'origine à la fois des veines, des artères, et des nerfs. Il localise chacune des trois facultés de l'âme dans un organe distinct : l'âme végétative dans le foie (source des veines), l'âme animale dans le cœur (source des artères) et l'âme rationnelle dans le cerveau (source des nerfs). Pour autant, al-Rāzī maintient que l'âme est une substance distincte du corps, à l'encontre de l'interprétation matérialiste qu'il attribue à Galien dans le traité *Que les facultés de l'âme suivent les tempéraments du corps*. Après al-Rāzī, Avicenne, dans le *Canon de la médecine*, et plus encore dans ses traités biologiques, chercha de son côté à établir un consensus, en voulant donner une interprétation d'Aristote qui se plie aux découvertes de Galien[1].

1. Voir Basim Musallam, « Avicenna. X. Medicine and biology », in Ehsan Yarshater (dir.), *Encyclopaedia iranica*, New York, Bibliotheca Persica Press, 1989, p. 94-99.

1

Sciences et philosophie

Contre l'atomisme des théologiens, les philosophes défendent l'idée d'une matière continue en distinguant l'infini actuel de l'infini potentiel. L'existence de l'infini actuel, pour la plupart d'entre eux, est impossible. Al-Kindī avance ainsi l'argument suivant :

Si d'un corps infini on retranche un corps de grandeur finie, ce qui en reste sera soit de grandeur finie, soit de grandeur infinie. Mais si ce qui en reste est de grandeur finie et qu'on lui ajoute ce qui en a été retranché et qui est de grandeur finie, alors le corps qui résulte de tous deux sera de grandeur finie ; or ce qui résulte d'eux est cela qui, avant qu'on n'en retranchât quelque chose, était de grandeur infinie ; ainsi donc ce qui est infini est fini, ce qui est absurde et ne se peut pas. Et si le reste est de grandeur infinie, alors, si on lui ajoute ce qui a été pris du corps infini, il sera plus grand qu'il ne l'était avant qu'on ne lui ajoutât, ou il lui sera égal. Mais s'il est plus grand qu'il ne l'était, alors l'infini sera devenu plus grand que l'infini [...]. Et si cet ensemble n'est pas plus grand que ce qu'il y avait avant qu'on ne lui ajoutât, alors on a ajouté un corps à un corps sans qu'il soit augmenté[1].

1. Al-Kindī, *Sur la philosophie première*, *op. cit.*, p. 28-30.

Une voix s'élève cependant au IXe siècle pour défendre l'existence de l'infini en acte, celle de Thābit ibn Qurra, qui souhaite ainsi résoudre un problème mathématique tout autant que théologique, celui de l'immortalité personnelle de l'âme.

Une autre grande question de la philosophie naturelle est celle de l'existence du vide, étroitement liée au problème du mouvement. La plupart des philosophes arabes rejettent l'existence du vide, incompatible avec la définition aristotélicienne du lieu. Comme l'explique à nouveau al-Kindī dans *Sur la philosophie première*, « vide signifie un lieu où rien n'est localisé[1] », ce qui est une formule absurde selon lui, car « lieu » et « localisé » sont deux notions relatives l'une à l'autre, aucune ne précédant l'autre. Ainsi, s'il y a un lieu, il y a forcément quelque chose de localisé, et si quelque chose est localisé, il y a forcément un lieu. Al-Rāzī, peu après al-Kindī, rompt cette belle harmonie en posant un Lieu absolu et un Vide absolu parmi les cinq principes éternels qui composent sa métaphysique. L'un des principaux arguments des adversaires de l'existence du vide repose sur le fait que, si le vide existait, le mouvement serait impossible. Non content de soutenir, à l'encontre d'Avicenne, l'existence du vide, Abū al-Barakāt al-Baġdādi s'oppose également à sa théorie du mouvement violent, celui subi par une pierre lancée en l'air, par exemple.

1. *Ibid.*, p. 20.

Pour l'existence de l'infini actuel

Pour les philosophes, le dogme religieux de l'immortalité personnelle de l'âme brise un principe fondamental de la physique aristotélicienne, l'impossibilité de l'infini actuel. En effet, si les âmes survivent personnellement et si le temps passé est infini, elles seront en acte en nombre infini. Dieu peut-il connaître un nombre infini d'âmes ? Dans ses *Réponses données aux questions posées par Ibn Usayyid*, Thābit ibn Qurra utilise ses travaux sur l'infini actuel en mathématiques pour apporter une solution mathématique à ce problème théologico-philosophique.

Thābit ibn Qurra dit dans l'élaboration de sa réponse à une question qui lui avait été posée au sujet des âmes, si celles-ci sont finies ou infinies : Je m'étonne de qui dit que Dieu – qu'Il soit loué et exalté – ne connaît pas les particuliers mais connaît les universaux. Je ne sais ce qu'ils pourraient bien dire si on leur demandait au sujet de Sa connaissance – majestueuse soit Sa louange – de l'éclipse, par exemple, si ce qu'Il en connaît est seulement la nature de l'éclipse et le fait qu'elle a lieu ; ou bien s'Il connaît une par une les éclipses qui ont eu lieu dans le temps passé et les futures, ainsi que le moment où chacune a eu et aura lieu. Car s'Il connaît seulement la nature de l'éclipse, il s'ensuit de cela que Sa connaissance de la nature de l'éclipse ne parvient à son achèvement que du fait qu'Il connaît les causes de l'éclipse et qu'elles sont des mouvements qui mènent les planètes, en un certain moment, à des positions nécessitant la disposition de l'éclipse. S'il en est ainsi, Il connaît que ces dispositions reviennent selon la grandeur des durées qu'elles prennent pour revenir ; Il connaît donc les particuliers dont on avait écarté de Lui la connaissance. Si cependant l'on accordait, par concession, qu'Il ne connaît pas les particuliers, il y a cependant des choses universelles qui sont des espèces infinies ; or Il les connaît dans leur totalité simultanément en acte, comme les espèces des figures dont Il connaît chacune ainsi que ses particularités, ses propriétés et l'ensemble de ses dispositions, et les espèces des nombres aussi bien. Or les unes et les autres sont infinies. Il est possible, par conséquent, qu'existe en acte une chose numériquement infinie ; or si cela est possible, il n'est pas impossible qu'il en aille de la sorte dans le cas des âmes.

Thābit ibn Qurra

Thābit ibn Qurra, *Réponses aux questions posées par Ibn Usayyid*, trad. Marwan Rashed, in *Thābit ibn Qurra. Science and Philosophy in Ninth-Century Baghdad*, éd. Roshdi Rashed, Berlin, De Gruyter, 2009, p. 626.

Il n'y a pas de mouvement des projectiles dans le vide

Dans le chapitre 8 du deuxième traité de la *Physique*, Avicenne entreprend de réfuter tous les arguments des partisans du vide. Après avoir discuté de façon purement philosophique de l'existence de celui-ci, de son éventuelle substance et de ses qualités, ainsi que de son infinitude intrinsèque, Avicenne aborde ici la possibilité des mouvements dans le vide. Dans le cas du mouvement naturel (de chute), le principal argument consiste à dire, avec Aristote, que le corps va d'un endroit qui lui est « étranger » à un autre, qualifié de « propre » ou de « naturel » (le sol vers lequel les objets lourds tombent immanquablement). Or le vide étant par nature indifférent dans toutes les directions, une telle chose n'y serait pas possible : les corps iraient dans n'importe quelle direction. Avicenne poursuit son raisonnement avec les autres types de mouvements.

Maintenant qu'il est devenu évident qu'il n'y a aucun mouvement naturel dans le vide, nous disons qu'il n'y a pas de mouvement forcé non plus. En effet, le mouvement forcé a lieu soit par connexion à un moteur, soit séparé de lui. Or s'il se fait par connexion à un moteur, alors le moteur est mû, et il est aussi mû soit par une force, soit par une âme, soit par une nature. Si c'est par une force, la discussion se poursuit et débouche sur <le cas> d'une âme ou d'une nature. S'il a lieu par une âme, alors l'âme met en mouvement en produisant une certaine inclination[1] également variable selon l'intensité ou la faiblesse, de sorte que <cette inclination> est ressentie en même temps que la mise au repos provoquée par ce qui s'oppose au mouvement, comme ce qui est ressenti dans le mobile en mouvement naturel, lorsqu'il y a opposition et empêchement de son mouvement. Cette inclination varie en force et en intensité et est affectée des <mêmes difficultés> que l'inclination naturelle <dans le vide>. Si <le mouvement a lieu> naturellement, il est affecté par ce qu'on a dit <auparavant>. Comme, que ce soit par l'âme ou par la nature, <le mouvement> ne peut avoir lieu dans le vide, il ne peut y avoir de mise en mouvement forcée dans le vide, pour laquelle le moteur doit être mû <par l'âme ou par la nature>.

Si le moteur est séparé du mouvement lors de sa production, cela peut entraîner <pour le mouvement> une certaine différence dans la direction dans laquelle il se déplace. Cela entraîne cela même que nous avons dit pour le mouvement naturel. De plus, le mouvement violent pour lequel le moteur est séparé peut exister alors que la mise en mouvement du moteur a cessé. Or il est absurde <d'affirmer> que le mouvement renouvelé de façon continue existe, alors que sa cause n'existe pas. Il est donc nécessaire qu'il y ait là une cause qui maintienne le mouvement et que cette cause existe dans le

1. Le terme « inclination » traduit *mayl*, *impetus* en latin. Pour une étude approfondie du sens du *mayl*, voir A. Hasnawi, « La dynamique d'Ibn Sīnā », in Jean Jolivet et Roshdi Rashed (dir.), *Études sur Avicenne*, Paris, Les Belles Lettres, 1984, p. 103-123, et S. Nony, « Two Arabic Theories of *Impetus* », in *'Awrāq Klāsīkīya*, éd. O. Fayez Riyadh, Le Caire, « Classical Papers », n° 9, 2009 ; in Peter E. Pormann (dir.), *Islamic Medical and Scientific Tradition. Critical Concepts in Islamic Studies*, Londres, Routledge, 2010, t. III, p. 3-32.

mobile, produisant un effet sur lui. Et <cette cause>, c'est soit une force accidentelle qui a été apportée au mobile par le moteur comme la chaleur l'est dans l'eau par le feu, soit une influence que rencontre le mobile de la part <du milieu> qu'il a traversé. Cette influence peut être comprise de deux façons. Soit la première partie du milieu où a lieu le mouvement, lorsque le moteur pousse celle-ci *via* le mobile quand il rentre en contact avec elle, pousse elle-même ce qui suit et cela se poursuit ainsi jusqu'aux dernières parties. Alors ce projectile, placé dans ce milieu, doit nécessairement être mis en mouvement, avec l'assurance que ces parties mises en mouvement par ébranlement sont <animées> d'une plus grande vitesse que le projectile lancé par le moteur, car il est plus facile de leur donner une impulsion qu'au projectile. Soit le mouvement de pénétration de ce qui pousse le corps pénètre dans ce qui est intermédiaire avec l'objet poussé, et la chose est forcée de se concentrer et entoure l'arrière du corps en se rassemblant, et ce rassemblement doit pousser le corps vers l'avant. Tout ceci est inimaginable dans le vide.

Voici ce que sont les <seules> options, car ce mouvement ne peut provenir que d'une force ou d'un corps qui met en mouvement par contact – le corps qui est moteur par contact, met en mouvement soit par le fait qu'il porte, soit par le fait qu'il pousse par contact. Quant à celui qui attire par contact, son statut est le même que celui qui porte.

Si <maintenant> le mouvement violent dans le projectile provient d'une force dans le vide, il est nécessaire qu'elle se maintienne, sans être du tout épuisée ni interrompue. En effet, si la force est présente dans le corps, elle ne peut que se maintenir ou être anéantie. Si elle se maintient, alors le mouvement se maintient en permanence, et si elle est anéantie, ou même affaiblie, son anéantissement ou son affaiblissement ne peuvent advenir que sous l'action d'une cause, ou d'elle-même. La discussion concernant l'anéantissement te fera connaître la marche à suivre pour la discussion concernant l'affaiblissement. Nous disons : il est impossible qu'elle s'anéantisse d'elle-même, car ce qui est destiné à s'anéantir de soi-même ne peut pas exister dans le temps. Si elle est anéantie sous l'action d'une cause, cette cause est soit interne au mobile, soit elle réside ailleurs. Si <cette cause> est interne au corps mobile, et qu'elle n'était pas chez lui une cause en acte au début du mouvement, parce qu'elle était dominée, puis qu'elle est devenue une cause et a dominé, alors il faut qu'il y ait une autre cause, et l'affaire se poursuit ainsi à l'infini. Enfin si la cause, ou bien l'auxiliaire de la cause résidant dans le corps, est externe <au projectile>, il est nécessaire que l'agent ou bien l'auxiliaire agisse par contact ou sans contact. Si elle agit par contact, alors elle est un corps en contact avec le mobile. Mais cette cause n'existerait donc pas dans le vide pur. Donc le mouvement violent ne s'épuiserait pas dans le vide pur et ne s'arrêterait pas. Si elle n'agit pas par contact, mais qu'elle est quelque chose qui agit à distance, alors pourquoi n'aurait-elle pas agi dès le début ? La discussion là-dessus est donc la même que celle portant sur la cause résidant dans le corps. Le plus approprié est donc <de dire> que c'est la succession continue d'obstacles qui est la cause de l'annulation de cette force et de sa corruption, mais ceci n'est possible que si le mouvement n'a pas lieu dans le vide absolu, et ce si la cause du mouvement est une force. Si la cause est un corps en contact qui met en mouvement comme lorsque l'on porte ou que l'on pose, on en revient au propos sur la cause connectée sur laquelle on a dit ce qu'on a dit auparavant. Ainsi, il apparaît clairement qu'il n'y a pas de mouvement violent, qu'il soit séparé du mobile ou connecté à lui, dans le vide pur.

Avicenne

Avicenne, *Livre de la guérison*, « Physique », II, 8, éd. S. Zayed, *op. cit.*, 132.7-134.3, trad. inédite de Sylvie Nony.

La chute des corps graves

Dans le *Livre de la réflexion personnelle*, Abū al-Barakāt propose une nouvelle interprétation du mouvement d'une pierre que l'on jette en l'air : selon la tradition aristotélicienne, reprise par Avicenne, ce mouvement serait constitué de deux parties distinctes aux causes distinctes, l'une apparaissant lorsque l'autre cesse d'exister, ce qui justifie qu'entre ces deux mouvements il y ait un repos au sommet de la trajectoire.

Abū al-Barakāt conteste cette interprétation et affirme que la pierre peut avoir un mouvement (on dirait aujourd'hui une vitesse) vers le haut alors qu'elle subit une force (son poids) vers le bas et qu'ainsi les deux parties de sa trajectoire sont en complète continuité dans le temps et dans l'espace. Il enchaîne sur la première explication de l'accélération des corps graves connue en histoire des sciences.

La pierre propulsée contient une inclination résistant à l'inclination de la propulsion. Cependant, celle-là est dominée par la force de propulsion, et parce que la force violente est accidentelle en elle, elle est <ensuite> affaiblie par la résistance <que lui opposent> cette force et cette inclination naturelles et par la résistance du milieu traversé. Ainsi, plus le milieu est épais et difficile à traverser, plus l'anéantissement de cette inclination violente est rapide, comme cela a lieu dans l'eau en comparaison avec l'air. De la même façon, si la direction de l'air en mouvement s'oppose à la direction de <l'inclination> contrainte, et elle l'anéantit plus vite – tu peux l'évaluer. Au début, l'inclination forcée domine donc largement l'inclination naturelle, puis elle ne cesse de s'affaiblir et de ralentir le mouvement, s'affaiblissant et ralentissant de plus en plus, jusqu'à ce qu'elle ne soit plus capable de résister à l'inclination naturelle. L'inclination naturelle prend alors le dessus, met en mouvement dans sa <propre> direction et ne cesse de prendre le pas sur <l'inclination violente> jusqu'à anéantir celle-ci. Alors le mouvement <de l'inclination naturelle> s'accélère, à cause de l'annulation de la résistance. Ainsi, les doutes portant sur ce repos qui aurait lieu avant l'autre mouvement l'emportent. La première <inclination>, quand elle prend le dessus, entraîne le mouvement de montée ; au fur et à mesure qu'elle s'affaiblit, <le mouvement> est ralenti. Lorsque la seconde prend le dessus, elle entraîne le <mouvement> de chute, et chaque fois qu'elle se renforce, <le mouvement> accélère. Et on a cru que, entre les deux inclinations équivalentes et égales, un repos était nécessaire.

Cette question ne nécessitait pas plus que la remarque faite par le maître Platon. Quand d'autres l'ont abordée de manière précise et multiplié les propos pour servir d'aide, les réponses à cette question s'élargirent et une certaine réponse fut établie. Le propos tenu sur ce repos est parti d'une illusion d'optique qui le fait voir, sur une petite distance, entre le moment où il monte lentement sur <cette distance>, et celui où il chute lentement. D'une part la lenteur de la montée est due à l'affaiblissement de l'inclination violente et au rapprochement de l'inclination naturelle qui lui résiste. D'autre part la chute est faible parce qu'on en est au début de la force de l'inclination naturelle. Dès que l'inclination naturelle prend le contrôle, elle se charge d'anéantir la force de l'inclination violente qu'il reste, petit à petit, jusqu'à ce qu'elle cesse ; alors sa résistance cesse <aussi>. C'est pour cela que l'inclination naturelle est la plus forte à sa fin, alors que l'inclination violente est la plus forte à son début.

On dit <aussi> que le renforcement de l'inclination naturelle à sa fin n'est pas dû <seulement> à l'élimination de <l'inclination> violente, mais <aussi> à une raison propre à elle en elle-même. Ce fait est indiqué par une pierre lancée depuis le haut, sans qu'elle revienne d'une montée par un mouvement forcé, et qui n'a donc pas en elle d'inclination violente. Alors tu vois que plus le commencement de sa chute libre est éloigné <du sol>, plus la fin de son mouvement est rapide et la puissance de son inclination grande. C'est pour cela que <l'objet> se casse et est pulvérisé, ce qui n'a pas lieu quand il est lâché sur une distance plus courte. La différence entre les deux est expliquée par la longueur de la trajectoire qu'il emprunte. <L'inclination naturelle> s'oppose à <l'inclination> violente, qui est affaiblie par la résistance du milieu traversé le long de sa trajectoire. La raison de cela est que la cause de l'inclination – et ce qui l'a produite – réside dans la contrainte et qu'il en est <maintenant> séparé. Il n'est pas advenu en lui une inclination après une autre qui compenserait la portion de l'inclination affaiblie par le milieu résistant. En revanche le principe de l'inclination naturelle est pour sa part présent dans la pierre et il lui fournit une inclination après l'autre. De la même façon, lorsque la balle s'approche de la fin de son mouvement après un coup, tu vois celui qui l'a lancée fournir un effort pour qu'un autre <coup> suive <le premier> afin qu'elle atteigne le but. Et si celui qui projette vers le haut pouvait faire de même, il le ferait. Le principe de l'inclination naturelle n'est pas séparé <du corps> et il ne cesse de produire ses effets jusqu'à ce que <le projectile> atteigne son lieu naturel. Tant qu'une force met en mouvement <un corps> dans une trajectoire étrangère à sa nature, elle produit une inclination après une <autre> et ainsi la force de l'inclination est augmentée, aussi longtemps que le mouvement continue.

Nous disons de ceci que c'est vrai et accepté. Néanmoins, la lenteur du début du mouvement naturel, lorsqu'il fait suite à un mouvement forcé, est plus grande que celle de celui qui ne lui fait pas suite. Et nous nous sommes conformés à ceci. S'il y a deux causes pour une chose unique, on ne doit pas nier les effets de l'une en considération des effets de l'autre. Mais <on doit> examiner pour chacune d'entre elles sa part d'effets. Si l'existence de ce repos était vérifiée entre les deux mouvements au moment de l'égalité des deux forces – la violente et la naturelle – à la fin du trajet montant, de sorte qu'il y ait un instant quelconque, cela impliquerait qu'il reste dans son état jusqu'à ce que survienne une cause qui assigne au <mouvement> violent de poursuivre vers le haut ou bien au naturel d'aller vers le bas, et que finalement le naturel prenne le dessus, épuise <l'inclination> violente et achève son anéantissement. S'il n'attend pas de cause, alors il ne reste jamais <immobile>. En effet, si <l'inclination> violente ne cesse de s'atténuer en raison de la privation de sa cause, au début elle est à égalité avec <l'inclination> naturelle puis poursuit son anéantissement et est épuisée ; c'est <l'inclination> naturelle qui l'épuise, et la pierre chute. L'instant de la fin de sa montée est celui qui est égal à l'instant précis du début du temps de sa chute et il n'y a pas de raison pour que la résistance demeure un temps car <ce temps> romprait la continuité.

Si c'était la résistance du <milieu> traversé qui l'affaiblissait et l'anéantissait il ne resterait dans le moment du repos ni projectile ni milieu traversé <susceptibles de> l'affaiblir. Ce serait donc <l'inclination> naturelle qui prendrait le dessus sur lui. Ainsi, si je dis que <l'inclination> naturelle émerge en augmentant jusqu'à résister et épuiser <l'inclination violente>, elle ne demeure pas un temps dans cet état unique mais plutôt continue à augmenter, de la même façon que ce qui a été dit de la diminution de l'autre <inclination>.

L'argument énoncé est donc bon, selon lequel ce repos n'a pas de cause <d'existence>, ni <provenant> de la force violente, ni de la force naturelle, ni de cause extérieure.

Abū al-Barakāt al-Baġdādī

Abū al-Barakāt al-Baġdādī, *Le Livre de la réflexion personnelle*, Première partie, « les sciences de la nature », chap. XXIV, Hyderabad, 1980, p. 100-102, trad. inédite de Sylvie Nony.

2

L'âme et le corps

Quelle est la nature de l'âme et sa relation au corps ? À cette question, al-Rāzī donne une réponse platonicienne, issue de sa lecture des parties cosmologiques et médicales du *Timée*. Sa réponse dépend aussi étroitement de sa doctrine des cinq principes éternels (texte 22). Loin de la définition aristotélicienne de l'âme comme « quelque chose du corps[1] », il pose à l'origine une Âme universelle distincte de la Matière. Indifférente à sa nature propre, l'Âme a désiré s'associer à la Matière, et cette association fut la cause pour elle de nombreux maux. Mais le créateur composa les corps dans lesquels les âmes étaient incarnées de la meilleure manière possible, et dota ces âmes d'un intellect, afin qu'elles puissent se ressouvenir de leur véritable lieu. Malgré la dualité radicale de l'âme et du corps établie par ce mythe, l'âme est étroitement liée au corps, comme le montre la recontextualisation médicale de la doctrine métaphysique d'al-Rāzī dans les *Doutes sur Galien* : l'âme se sert du corps, et en particulier du cerveau, comme d'un instrument et les affections du corps, comme par exemple les lésions du cerveau, l'empêchent

1. Aristote, *De l'âme*, *op. cit.*, 414a22, p. 146.

donc de fonctionner correctement. Tout en se fondant sur des principes complètement différents de ceux d'al-Rāzī, Avicenne défend également la dualité de l'âme et du corps, en se fondant sur une expérience de pensée connue sous le nom de l'« homme volant ». Si ce texte semble faire entendre des accents cartésiens avant l'heure, c'est encore plus le cas de la réponse apportée par Abū al-Barakāt al-Baġdādī. La dualité de l'âme et du corps chez Avicenne n'empêche pas l'âme d'être individualisée par sa relation à son corps propre.

Comment l'âme connaît-elle le monde ? Pour Avicenne, la connaissance doit être comprise sur le modèle de la sensation, elle-même conçue comme la réception de la forme de l'objet, sans sa matière. On trouve l'origine de cette idée dans le traité *De l'âme* d'Aristote[1]. La connaissance, sensible ou intellectuelle, est toujours une abstraction. La psychologie d'Avicenne, tout en acceptant la partition aristotélicienne entre âme végétative, animale et rationnelle, la remanie profondément en insérant dans ce processus de perception et d'abstraction cinq sens internes qui permettent d'avoir une connaissance des objets supérieure à la pure sensation. Il est à noter que les animaux partagent ces sens internes avec les hommes puisque, s'ils permettent de dépasser la pure sensation, ils n'appartiennent pas moins à l'âme animale. Ainsi, par exemple, la faculté estimative accorde une valeur aux objets : c'est elle qui permet à la brebis de juger que le loup doit être fui. La doctrine des sens internes doit beaucoup aux théories médicales de la localisation des facultés de l'âme dans le cerveau, qui débuta avec Galien et se poursuivit après lui. Ainsi, Némésius d'Émèse place l'imagination dans les ventricules antérieurs du cerveau, là même où Avicenne situe les deux

1. Par exemple *ibid.*, 424a17, p. 195.

sens internes liés à l'imagination (la *fantasia* et l'imagination), la pensée dans le ventricule médian, où Avicenne situe la réflexion combinatoire et l'estimation, et la mémoire dans le ventricule postérieur, suivi en cela par Avicenne.

Les trois âmes

Dans la *Médecine spirituelle*, al-Rāzī inscrit sa conception de l'âme dans le sillage de Platon, en particulier du *Timée*, allant ainsi à contre-courant de la conception majoritairement aristotélicienne de l'âme partagée par les philosophes arabes. La psychologie d'al-Rāzī est liée à son système métaphysique, qui pose une Âme universelle désireuse de s'associer à la Matière. Comme il le dira plus loin dans le même ouvrage, « l'âme désirante n'est liée à <l'âme> rationnelle qu'afin d'offrir à notre corps – qui a pour elle le statut d'un instrument et d'un outil – ce dans quoi rester aussi longtemps qu'il faudra à l'âme rationnelle pour acquérir la connaissance de ce monde[1] ». Son traité d'éthique a pour but de faire prendre conscience de cette vérité aux hommes.

Nous disons donc : Platon, le chef des philosophes et le plus important de ceux-ci, est d'opinion qu'en l'homme il y a trois âmes. Il appelle l'une de celles-ci l'âme rationnelle et divine, l'autre l'âme colérique et animale, l'autre <enfin> l'âme végétative, croissante et désirante. Il est aussi d'opinion que deux âmes, l'animale et la végétative, n'ont été constituées qu'en vue de l'âme rationnelle. Quant à la végétative, <elle existe> pour nourrir le corps qui a pour l'âme rationnelle rang d'instrument et d'outil, puisqu'il ne fait pas partie de la substance qui demeure et ne se décompose pas, mais de la substance qui s'écoule et

1. Al-Rāzī, *La Médecine spirituelle*, trad. Rémi Brague, Paris, Flammarion, « GF », 2003, p. 145.

se décompose. Or tout ce qui se décompose ne subsiste que grâce à ce qui remplace en lui ce que lui ôte la décomposition. Quant à <l'âme> colérique, <elle existe> afin que l'âme rationnelle l'appelle au secours pour réprimer l'âme désirante et l'empêcher, par la quantité de ses désirs, de distraire l'âme rationnelle d'utiliser sa raison, laquelle, si elle l'utilise parfaitement, est ce par quoi elle se délivre du corps auquel elle est attachée.

Ces deux âmes – je veux dire la végétative et la colérique – n'ont pas, selon lui, de substance particulière subsistant après la corruption du corps comme <le fait> la substance de l'âme rationnelle. Et même, l'une d'elles, à savoir la colérique, est l'ensemble du mélange[1] du cœur, et l'autre, la désirante, est l'ensemble du mélange du foie. Quant à l'ensemble du mélange du cerveau, il n'est, selon lui, que le premier instrument et outil dont se sert l'âme rationnelle. La nutrition, la croissance et le développement de l'homme viennent du foie, la chaleur et le mouvement du pouls viennent du cœur. Quant à la sensation et au mouvement volontaire, à la fantaisie, à la pensée, à la mémoire, ils viennent du cerveau, non en ce qu'ils proviennent de sa propriété et de son mélange, mais de la substance[2] qui y réside et qui l'utilise à la façon dont on utilise un instrument et un outil, sauf que <le cerveau> est le plus proche des instruments et des outils par rapport à cet agent.

Al-Rāzī

Al-Rāzī, *La Médecine spirituelle*, trad. Rémi Brague, Paris, Flammarion, « GF », 2003, p. 73-74.

---

1. Il s'agit du mélange des humeurs qui composent le corps : sang, phlegme, bile jaune, bile noire.
2. Il s'agit ici de l'âme rationnelle.

L'homme volant

Visant à apporter un fondement à la psychologie, Avicenne entreprend de donner une preuve de l'existence de l'âme, dans la partie du *Livre de la guérison* qui lui est consacrée. Grâce à une expérience de pensée qui fait immanquablement penser au doute cartésien, l'âme se révèle être une substance complètement distincte du corps, puisque la conscience de soi ne passe par rien de sensible. La démarche d'Avicenne dans ce texte, comme celle de Descartes dans les *Méditations métaphysiques*, est destinée à se défaire des jugements qui semblent évidents sans l'être pour autant. Cependant, alors que Descartes entendra par là parvenir à une première connaissance certaine, Avicenne tend plutôt à établir la transcendance de l'âme sur le corps. La fiction qu'il met en place trouvera un écho très important auprès des philosophes latins du Moyen Âge comme Duns Scot, sous le nom d'argument de l'« homme volant[1] ».

Nous devons indiquer en cet endroit une preuve de l'existence de notre âme, en faisant connaître et en attirant l'attention sur un indice qui résonnera fortement chez qui a la faculté d'apercevoir le vrai par lui-même,

1. Sur la fortune médiévale de l'argument de l'« homme volant », voir D. N. Hasse, *Avicenna's* De anima *in the Latin West. The formation of a Peripatetic Philosophy of the Soul, 1160-1300*, Londres/Turin, The Warburg Institute/Nino Aragno Editore, 2000, p. 80-92, 236, 310-311.

sans avoir besoin d'être instruit, orienté dans la bonne direction ou détourné des sophismes. Nous disons : il faut que l'un d'entre nous s'imagine comme s'il était créé d'un seul coup et créé parfait, mais que sa vue était voilée et sa vision des choses extérieures obstruée ; et comme s'il était créé flottant dans les airs ou dans le vide de telle manière que, dans cet élément, la constitution de l'air ne le heurte pas ni ne l'oblige, par ce heurt, à éprouver une sensation ; qu'il y ait un écart entre ses membres, de sorte qu'ils ne se rejoignent pas ni ne soient en contact.

Puis qu'il se demande s'il affirmera l'existence de son moi[1]. Il ne mettra pas en doute que son moi existe, sans affirmer <pour autant>, en plus de cela, l'existence d'aucune de ses extrémités ni d'aucune de ses parties internes, ni son cœur, ni son cerveau, ni aucune chose extérieure. Cependant, il affirmera l'existence de son moi, sans affirmer que ne lui revient aucune longueur, largeur ou profondeur. S'il lui était possible, alors qu'il se trouve dans cet état, d'imaginer une main ou une autre partie, il ne l'imaginera pas comme une partie de son moi ni une condition de son moi. Tu sais que ce qui est affirmé est différent de ce qui ne l'est pas, et que ce qui est connu est différent de ce qui ne l'est pas. Donc, le moi dont il a affirmé l'existence est propre à lui car ce moi est identique à lui et différent de son corps et de ses parties dont il n'a pas affirmé l'existence.

Ainsi, l'homme dont on a <de la sorte> éveillé l'attention est mis sur une voie qui l'amène à prendre conscience de l'existence de l'âme en tant que distincte du corps, et même distincte d'un corps, et au fait qu'il

1. *Dāt*, qui signifie « soi », « même ».

la reconnaît et l'aperçoit, même s'il l'avait oubliée et avait besoin qu'on l'oriente dans la bonne direction.

Avicenne

Avicenne, *Livre de la guérison*, « De l'âme », éd. Fazlur Rahman, Londres, Oxford University Press, 1959, p. 15-16. La traduction est nôtre. Nous avons également consulté la traduction d'Ahmad Hasnawi, in « La conscience de soi chez Avicenne et Descartes », in Joël Biard et Roshdi Rashed (dir.), *Descartes et le Moyen Âge*, Paris, Vrin, 1997, p. 283-284.

L'individualité de l'âme

Pour Avicenne, l'âme et le corps forment deux substances aussi distinctes (voir texte précédent) qu'étroitement liées l'une à l'autre. L'âme, bien que subsistante par elle-même, est également individualisée par son union avec le corps. Avicenne explique cette apparente tension par le fait que chaque âme a été créée pour ce corps-ci et ressent une attraction particulière pour lui. Cette individualisation remet-elle en question la survie de l'âme après la corruption du corps ? Non, répond Avicenne, car l'âme ne dépend pas du corps. Même après la mort du corps, elle demeure l'âme individuelle qu'elle fut du temps de son union avec lui. Avicenne est ainsi le seul d'entre les philosophes arabes à soutenir l'immortalité personnelle de l'âme. Averroès, par exemple, s'opposera vigoureusement à cette idée.

Dès lors, il est vrai que les âmes adviennent de la même manière qu'advient une matière corporelle propre à être utilisée par elles. Ainsi, le corps venu à l'être est le royaume et l'instrument de l'âme, et on trouve dans la substance de l'âme venue à l'être avec un certain corps – ce corps approprié à l'apparition de l'âme à partir des premiers principes – une disposition à incliner naturellement à lui porter intérêt, à l'utiliser, à se préoccuper de ses états et à être attirée vers lui, une telle disposition lui étant spécifique et l'éloignant de tous les autres corps. Lorsqu'elle vient à exister en tant qu'individuelle, il faut que le principe de son individuation lui adjoigne les dispositions indispensables à ce qu'elle soit distincte en tant qu'individu. Ces dispositions sont nécessaires à son attachement exclusif à ce corps et à l'établissement de la relation d'intérêt réciproque entre eux deux, même si cet attachement et cette relation restent obscurs pour nous. Enfin, elle possède par avance les principes de son accomplissement par la médiation <du corps>, dès qu'il est son corps propre.

Cependant, l'objecteur pourrait dire que ce problème [*šabha*] vous oblige à traiter celui des âmes quand elles sont séparées des corps. Soit elles se corrompent – mais vous ne défendez pas cela –, soit elles deviennent une seule – ce que justement vous trouvez aberrant –, soit elles demeurent multiples même lorsqu'elles sont séparées de la matière – ce que vous défendez. Mais comment resteraient-elles multiples ? Nous disons que, après la séparation des âmes d'avec les corps, il est certain que toutes les âmes auront existé chacune en tant que soi individuel en raison des différences entre les matières dans lesquelles elles étaient, des différences entre les moments de leur apparition et des dispositions variées qu'elles possédaient en fonction de leur corps respectif. Nous savons aussi avec certitude que ce qui fait exister la notion universelle en tant qu'individu identifié ne peut pas la faire exister en tant qu'individu sauf en lui ajoutant, en plus de son espèce, un facteur grâce auquel elle est individualisée, parmi les facteurs qui sont adjoints à elle au moment de son apparition et qui impliquent que nous la connaissions ou que nous ne la connaissions pas.

Nous savons que l'âme n'est pas une dans tous les corps. Si elle était une et multiple par relation, elle serait connaissante ou ignorante dans tous les corps, et il ne serait pas caché à Zayd ce qui est dans l'âme de ʻAmr.

En effet, l'un relatif à plusieurs peut différer selon la relation, mais les choses qui lui appartiennent par essence ne diffèrent pas en lui. Soit un père de multiples enfants qui est jeune. Il est jeune selon tous ses enfants, car le fait d'être jeune lui appartient en propre et par conséquent entre dans toutes les relations. De même, la connaissance, l'ignorance, l'opinion et tout ce qui est semblable appartiennent justement à l'âme elle-même, et entrent avec l'âme dans toute relation.

Par conséquent, l'âme n'est pas une, mais elle est multiple numériquement – bien que son espèce soit une –, et elle advient de la manière que nous avons décrite. Il n'y a aucun doute qu'elle s'individualise par un certain moyen. Or ce moyen, si l'on parle de l'âme humaine, n'est pas son inscription dans la matière – et la fausseté de ce discours a déjà été montrée – bien plutôt, ce moyen qui lui appartient consiste en une certaine disposition, ou une certaine faculté, ou une certaine qualité spirituelle accidentelle, ou l'ensemble de ces choses, qui individualisent l'âme collectivement, même si nous ne savons pas de quoi il s'agit.

Après son individualisation en une chose unique, elle et une autre âme ne peuvent être une chose une et identique numériquement. Nous avons déjà montré l'impossibilité de cela en plusieurs endroits. Nous sommes cependant certains qu'il est possible, lorsque l'âme vient à être, et avec elle un certain tempérament, que lui advienne à la suite de cela une certaine disposition dans les actions et les passions rationnelles, qui formeront un ensemble distinct de la disposition correspondant à celle-ci dans une autre <âme>, de la même manière que sont distincts deux tempéraments dans deux corps différents. Nous sommes également certains que la disposition acquise, appelée intellect en acte, est aussi dans une certaine mesure ce par quoi <l'âme> se distingue d'une autre âme. Enfin, nous sommes certains que l'âme en vient à posséder un sentiment de son moi particulier, sentiment qui est également une certaine disposition en elle spécifique à elle seule.

Il peut arriver que lui advienne également une disposition spécifique causée par les facultés corporelles. Cette disposition est étroitement reliée aux dispositions morales, ou est identique à celles-ci. Il peut aussi y avoir des particularités autres qui nous sont cachées et s'attachent aux âmes dès qu'elles viennent à exister ou à la suite de cela, de mêmes que de telles <particularités> s'attachent aux individus des espèces corporelles et rendent celles-ci distinctes les unes des autres tant qu'elles perdurent ; et de même les âmes se distinguent par des particularités en elles, que les corps existent ou n'existent pas, que nous connaissions ces états, que nous ne les connaissions pas ou en connaissions une partie seulement.

Avicenne

Avicenne, *Livre de la guérison*, « De l'âme », V, 3, éd. Fazlur Rahman, Londres, Oxford University Press, 1959, p. 224-227.
La traduction est nôtre.

À quoi servent les sens internes ?

La perception suit chez Avicenne un processus d'abstraction qui saisit deux types d'objet : les formes des choses sensibles et leurs « intentions » (*ma'ānī*), c'est-à-dire, dans ce contexte, la signification immédiate des objets perçus. Pour expliquer comment se déroule ce processus, dû entièrement aux facultés infra-intellectuelles de l'âme, Avicenne invente la doctrine des « sens internes ».

Quant aux facultés internes de la perception, certaines sont des facultés qui perçoivent les formes des choses sensibles, et d'autres perçoivent les intentions des choses sensibles. Les facultés de la perception comprennent : celles qui perçoivent et agissent en même temps ; celles qui perçoivent et n'agissent pas ; celles qui perçoivent de manière primaire ; celles qui perçoivent de manière seconde. La différence entre la perception de la forme et la perception de l'intention est la suivante : la forme est ce que perçoivent ensemble le sens interne et le sens externe – mais le sens externe la perçoit d'abord et la transmet au sens interne. Par exemple, la brebis perçoit la forme du loup – je veux dire son apparence, son aspect et sa couleur. Le sens interne de la brebis la perçoit, mais c'est le sens externe qui la perçoit en premier. Quant à l'intention, c'est ce que l'âme perçoit à partir du sensible sans que le sens externe ne le perçoive d'abord. Par exemple, la brebis perçoit l'intention d'hostilité dans le loup ou l'intention d'avoir à le craindre et à le fuir, sans que le sens externe ne perçoive cela du tout. Ce que perçoit du loup d'abord le sens externe, puis le sens interne, on lui réserve ici le nom de « forme ». Ce que perçoivent les sens internes sans l'aide du sens <externe>, on lui réserve le nom d'« intention ».

La différence entre la perception accompagnée d'action et la perception qui n'est pas accompagnée d'action est la suivante : les actions de certaines facultés internes comprennent celle de combiner ensemble certaines formes et intentions perçues et celle de les séparer les unes des autres. Elles auront alors perçu mais aussi agi sur ce qu'elles ont perçu. Tandis que dans le cas de la perception qui n'est pas accompagnée d'action la forme ou l'intention se dessine simplement dans <l'animal>, sans qu'il puisse agir sur elle d'une quelconque façon. La différence entre la première perception et la seconde est la suivante : la première perception consiste à acquérir d'une manière ou d'une autre la forme qui appartenait à l'objet lui-même. La seconde perception consiste à acquérir la forme de l'objet par le biais d'un autre objet qui l'a transmise au premier.

Les facultés internes de perception comprennent : la *banṭāsīya* [*fantasia*], c'est-à-dire le sens commun, qui est la faculté déployée dans le ventricule antérieur du cerveau. Elle reçoit en elle-même toutes les formes imprimées dans les cinq sens qui sont transmises à lui.

Ensuite, vient l'imagination <conservatrice> ou <faculté> donatrice de formes, qui correspond à une faculté également déployée à l'arrière du ventricule antérieur du cerveau. Elle conserve <les formes> qu'a reçues le sens commun des cinq sens particuliers, et <ces formes> demeurent en elle après la disparition de ces choses sensibles. Sache que la réception grâce à une autre faculté que la faculté dotée du pouvoir de conservation, tu peux la considérer comme de l'eau, qui peut recevoir des tracés, des empreintes et en général des formes, sans pouvoir les conserver – comme nous l'établirons plus amplement pour toi plus tard. Si tu veux connaître la différence entre l'action du sens externe général, l'action du sens commun et l'action de la <faculté> donatrice de formes, examine l'état d'une goutte de pluie qui tombe de sorte que tu vois une ligne droite, et l'état d'une chose droite qui tourne de sorte que son extrémité apparaît circulaire. La chose ne peut être perçue comme une ligne ou un cercle sauf si elle est vue à plusieurs reprises. Or le sens externe ne peut pas la voir deux fois ; il la voit seulement là où elle se trouve. Mais si la chose se dessine dans le sens commun et qu'elle a quitté sa place avant que la forme ne s'efface du sens commun, alors le sens externe la perçoit là où elle se trouve, et le sens commun la perçoit là où elle se trouvait et là où elle est parvenue ; il la voit donc comme une extension circulaire ou rectiligne. Cela ne peut absolument pas être attribué au sens externe. Quant à la <faculté> donatrice de formes, elle voit les deux images, et elle se les représente toutes les deux, même si la chose disparaît et devient absente.

Puis vient la faculté qu'on nomme imaginative quand on la rapporte à l'âme des animaux, et cogitative quand on la rapporte à l'âme des hommes. Il s'agit d'une faculté située dans le ventricule médian du cerveau à l'endroit du *cerebellar vermis*[1], et son action consiste à composer ensemble certains des objets qui sont dans l'imagination, ou à les séparer, selon notre volonté.

Ensuite, vient la faculté estimative, située à l'arrière du ventricule médian du cerveau. Elle perçoit les notions non sensibles présentes dans les choses sensibles

1. Dans l'anatomie du cerveau tel que le décrit Galien, excroissance en forme de ver, située dans le ventricule médian, qui relie les ventricules antérieurs au ventricule postérieur.

particulières, comme la faculté, présente dans la brebis, qui juge que ce loup doit être fui et cet agneau pris en affection. Il semble que cette faculté intervienne aussi sur les objets de l'imagination en les assemblant ou les séparant.

Enfin, vient la faculté de conservation et de remémoration, située dans le ventricule postérieur du cerveau. Elle conserve les intentions non sensibles des choses sensibles particulières que perçoit la faculté estimative. La relation entre la faculté de remémoration et la faculté estimative est analogue à la relation entre la faculté nommée imagination <conservatrice> et les sens ; et la relation de cette faculté-là [la remémoration] aux intentions est analogue à la relation entre cette faculté-ci [l'imagination <conservatrice>] et les formes des choses sensibles.

Avicenne

Avicenne, *Livre de la guérison*, « De l'âme », éd. Fazlur Rahman, Londres, Oxford University Press, 1959, p. 43-45. La traduction est nôtre.

L'unité du sujet

Dans le *Livre de la réflexion personnelle*, Abū al-Barakāt tire toutes les conclusions de l'aperception de soi telle que l'a décrite Avicenne. Alors que ce dernier maintenait la pluralité des facultés psychiques une fois l'aperception de soi posée, Abū al-Barakāt refuse cette pluralité au profit de l'unicité du sujet, dans un texte aux accents cartésiens avant l'heure[1].

En plus de ce qui a été dit pour combattre la doctrine <posant> la multiplicité des facultés psychiques et qu'elles diffèrent l'une de l'autre, il nous suffira maintenant <d'affirmer> que nous avons par nous-mêmes une aperception sûre <qui nous apprend> que <chaque sujet> parmi nous <et qui est> un est lui-même celui qui voit et entend, pense et réfléchit, garde dans sa mémoire et se remémore, désire et a de la répugnance, est content ou est en colère ; et que son moi et son être[2] restent uniques et identiques dans tous les actes et n'<admettent> pas en eux d'altérité, que <d'autre part> une multiplicité de choses n'a pas en elle-même d'unité, <vu que> deux choses ne peuvent être une seule par leur moi, mais <tout au plus> par le fait d'un mode ou d'un attribut, qui

1. Dans la sixième des *Méditations métaphysiques*, Descartes refuse aussi la multiplicité des facultés au profit de l'unité de l'âme : « Et les facultés de vouloir, de sentir, de concevoir, etc., ne peuvent pas proprement être dites ses parties : car le même esprit s'emploie tout entier à vouloir, et aussi tout entier à sentir, à concevoir, etc. », *Méditations métaphysiques*, *Œuvres philosophiques*, t. II, Paris, Bordas, « Classiques Garnier », 1992, p. 499.

2. *Ḏāt* et *‘anīya*.

leur serait commun. Cette thèse, savoir celle de l'unité du multiple et du divers <ne peut être chez ceux> qui la soutiennent <que> l'effet d'un manque de réflexion, d'une doctrine inconsistante, d'une erreur, d'une <faute de> compréhension qui dénature ce qui leur a été dit. Or s'il en est ainsi, il ne se peut que les facultés multiples qui existeraient dans un individu unique soient <identiques à> son moi unique dont il a l'aperception. Ainsi, au cas où <elles existeraient>, <ce moi> ne serait qu'une d'entre elles. Or supposé qu'existent et <ce moi et les facultés>, ce seraient ces dernières qui agiraient. L'agent serait, par conséquent, autre que le moi. En effet, si c'était la faculté visuelle qui voyait, faculté qui est autre que moi-même – c'est-à-dire mon âme et mon moi –, <il s'ensuivrait> que ce n'est pas moi, mais quelque chose d'autre qui voit. Or j'ai une aperception et une connaissance et une science certaine et vraie du fait que c'est moi qui vois, entends et agis. Supposons maintenant que la faculté visuelle voit en même temps que moi, et moi en même temps qu'elle, chacun de nous séparément et de façon à accomplir par lui-même cet acte, je n'aurais <en ce cas> nul besoin d'elle. Au vrai, nous avons l'aperception du fait que c'est nous qui voyons, et non pas celle d'un acte de voir qu'un autre accomplirait <pour nous>. <Cela s'exprime également> dans notre manière de parler. Or tout ce qui n'est pas identique à nous numériquement est un autre. Supposons, d'autre part, que <la faculté visuelle> transmette <tout objet visible> et qu'elle a vu au <sujet> voyant, qui verrait ainsi en elle et par elle. Le <corollaire> nécessaire <de cette supposition> serait que ce qui est perçu par la vision se déplace, parvenant d'abord à <la faculté visuelle> ; puis d'elle à mon moi. <Cette faculté> ne serait dans ce cas qu'un organe réceptif, non pas un agent ; un lieu et une matière pour ma vision, non pas une faculté agissante. Or je n'ai pas d'aperception de son action ; donc aucune différence à mon point de vue entre <les deux possibilités> : celle où elle me transmet <l'objet> perceptible sans l'avoir perçu, ou celle autre où elle accomplit cette transmission tout en percevant <l'objet> en question ou de façon à ce que je le perçoive en elle. Le fait est que le <sujet> voyant dont <dans toutes les catégories d'actes> j'ai la connaissance et l'aperception, c'est moi-même ; c'est mon âme qui est mon moi et mon identité : tandis que tout le reste n'est qu'un substrat ou bien un <instrument> de transmission, comme l'est <par exemple> l'œil et l'esprit <animal> qui subsiste en celui-ci. Or cela n'est d'aucune façon une faculté visuelle. En effet, <cette chose que nous avons en vue> ne me serait pas utile parce qu'elle verrait, mais par sa réceptivité et par <sa capacité> de jonction. On sera prêt à accorder que, comme il a été dit, c'est elle qui fait que les instruments que sont l'œil et l'esprit visuel ont en propre <la fonction de> la vision. <Cependant ce n'est pas un fait de ce genre> auquel on pense lorsqu'on dit faculté visuelle. On dira plutôt que la faculté visuelle <n'>est <autre> que la première âme. Et de même en ce qui concerne la réflexion, le ressouvenir et d'autres <fonctions psychiques>. Ainsi point de nécessité d'admettre des moi agents et des facultés psychiques.

Abū al-Barakāt al-Baġdādī

Abū al-Barakāt al-Baġdādī, *Le Livre de la réflexion personnelle*, éd. Hyderabad, 1980, t. II, p. 318-319, trad. Shlomo Pinès in *The Collected Works of Shlomo Pinès*, vol. 1, Leyde, Brill, 1979, p. 227-229 (traduction légèrement modifiée).

3

Qu'est-ce que l'intellect ?

La source de la connaissance intellectuelle, par opposition à la connaissance sensible, se situe dans l'intellect. L'une des difficultés des doctrines de l'intellect réside dans la distinction entre les différents types d'intellect, issue du livre III du traité *De l'âme* d'Aristote. Dans son traité *Sur l'intellect*, al-Fārābī précise ainsi que l'intellect peut se dire de quatre manières. Il y a d'abord l'intellect en puissance, également appelé intellect matériel par Averroès. Il s'agit de l'intellect humain, qui reçoit les intelligibles, c'est-à-dire la forme des étants séparée de la matière. Lorsqu'il a reçu ces intelligibles, il devient intellect en acte, selon le modèle aristotélicien de l'acte comme réalisation de ce qui était en puissance. Lorsque l'intellect en acte contemple les formes qui sont en lui des intelligibles en acte, il devient l'intellect acquis. Tout au long de cette progression, l'homme s'élève des formes corporelles à des formes incorporelles. Cette progression est rendue possible par l'intellect agent, qui entretient le même rapport avec l'intellect en puissance que le soleil avec l'œil.

Tout le problème, lorsqu'on est en présence de ces quatre types d'intellect, est de répondre à la question : qu'est-ce qui pense en l'homme ? La question concerne au premier chef l'intellect matériel, c'est-à-dire l'intellect humain. Est-il individuel ou est-il le même dans tous les hommes ? Est-ce moi qui pense ou l'intellect agent pense-t-il à travers moi ? Ces questions découlent du problème posé par l'unité de l'intelligible : comment se fait-il que deux individus puissent connaître le même intelligible ou, en d'autres termes, que le même intelligible puisse être reçu par deux intellects ? Ce problème trouve une première solution sous la plume d'Ibn Bāǧǧa, dans son traité sur la *Conjonction de l'intellect avec l'homme*. Charles Genequand a fait remarquer qu'Ibn Bāǧǧa ne fait pas mention des quatre types d'intellect distingués par al-Fārābī. Pour lui, « un seul et même intellect s'élève peu à peu d'un degré d'intelligence à l'autre[1] ». Pour Ibn Bāǧǧa, le problème consiste à comprendre l'unité de l'intelligible : l'intelligible « cheval », par exemple, est-il le même chez tous ? Au premier niveau, les intelligibles demeurent liés aux sujets individuels (les différents chevaux observés) desquels ils sont abstraits. Mais au second niveau, on peut atteindre la conjonction de l'intellect aux intelligibles grâce aux formes spirituelles[2]. Dès lors, détachés de la matière, les intelligibles peuvent être uniques. La solution présentée par Averroès dans le *Grand Commentaire au* De anima se démarque de celle d'Ibn Bāǧǧa : l'intellect matériel est séparé et un dans tous les hommes. Si des intelligibles présents en deux individus sont uns, c'est parce que l'intellect de ces deux individus est également le même[3]. Averroès s'oppose ainsi à tous ceux

1. Ibn Bāǧǧā, *La Conduite de l'isolé et deux autres épîtres*, éd. et trad. Charles Genequand, Paris, Vrin, 2010, p. 60.
2. *Ibid.*, p. 71-72.
3. Alain de Libera, *L'Unité de l'intellect. Commentaire du « De unitate intellectus contra averroistas », de Thomas d'Aquin*, Paris, Vrin, 2004, p. 30.

qui l'ont précédé, notamment Avicenne et Ibn Bāǧǧa. C'est cette idée d'un intellect matériel unique qui sera combattue par Thomas d'Aquin dans son traité *L'Unité de l'intellect avec l'homme*. Les conséquences de cette position ontologique sont grandes sur le plan théologique : tandis qu'Avicenne peut encore soutenir l'immortalité personnelle de l'âme, Averroès s'y oppose.

L'intellect en puissance

Dans son *Épître sur l'intellect*, al-Fārābī a un interlocuteur, Aristote, dont il cherche à clarifier la distinction entre la partie de l'intellect qui reçoit (l'intellect patient) et celle qui agit (l'intellect agent)[1], et un adversaire, le *kalām*, qui se méprend plus profondément sur le sens de l'intellect. Pour al-Fārābī et la plupart des philosophes arabes après lui, l'intellect prend quatre sens : l'intellect en puissance, l'intellect en acte, l'intellect acquis et l'intellect agent. L'intellect en puissance désigne la capacité, dans l'âme, de recevoir les intelligibles, de la manière qu'il décrit ici.

L'intellect en puissance, c'est une certaine âme, ou une partie d'âme, ou bien une des facultés de l'âme ou encore une certaine chose dont l'essence a été préparée ou apprêtée à séparer les quiddités de tous les étants ainsi que leurs formes de leurs matières, faisant d'elles toutes une forme ou des formes pour elle-même. Et ces formes séparées des matières ne deviennent séparées de leurs matières dans lesquelles se trouve leur existence qu'en devenant des formes pour cette essence. Ces formes séparées de leurs matières et qui deviennent des formes dans cette essence, ce sont les intelligibles, dont le nom est dérivé du nom de cette essence qui sépare les formes des étants pour en faire des formes à elle. Cette essence ressemble à une matière dans laquelle les formes adviennent. Toutefois, si tu imagines une certaine matière corporelle, comme un certain morceau de

1. Aristote, *De l'âme*, III, 5, 430a10-25.

cire dans lequel on aurait gravé <une gravure de telle sorte> que cette gravure et cette forme adviennent en sa surface et en sa profondeur et de telle façon que cette forme s'empare de la matière en son intégralité, en sorte que la matière devienne elle-même entièrement et totalement comme si cette forme l'avait tout à fait saturée, alors ton imagination parviendrait presque à comprendre le sens de cette occurrence des formes des choses dans cette essence qui ressemble à une matière et à un substrat de cette forme. Cette essence est distincte des autres matières corporelles en ce que les matières corporelles ne reçoivent les formes qu'en leur surface uniquement et non en leur profondeur. Cette essence, elle, ne demeure pas distincte en elle-même des formes des intelligibles de sorte qu'elle aurait une quiddité séparée, et de sorte que les formes qui sont en elle conserveraient une quiddité séparée. Bien plutôt, cette essence elle-même devient ces formes. C'est comme si tu imaginais la gravure et le moulage par lesquels un morceau de cire quelconque est moulé <sous forme> cubique ou sphérique. Ce moulage y plongerait et s'y coulerait jusqu'à s'emparer de sa longueur, sa largeur et sa profondeur dans sa totalité, et c'est alors que ce morceau de cire serait devenu ce moulage lui-même, sans que sa quiddité soit séparée de la quiddité de ce moulage. C'est conformément à cet exemple qu'il te convient de comprendre comment les formes des étants adviennent dans cette essence qu'Aristote appelle intellect en puissance dans le *Livre de l'âme*.

Al-Fārābī

Al-Fārābī, *Épître sur l'intellect*, trad. Dyala Hamzah, Paris, L'Harmattan, 2001, p. 70-71.

L'intelligible est en relation avec les particuliers

Face au problème de l'unité de l'intellect, dans son traité sur la *Conjonction de l'intellect avec l'homme*, Ibn Bāǧǧa propose la solution suivante, basée sur sa théorie des formes spirituelles[1] : l'ensemble des intelligibles conçus par un individu demeure en relation avec les sujets individuels dont il a tiré les concepts universaux, *via* les formes spirituelles, sauf au dernier stade de la connaissance, où l'intellect humain est conjoint à l'intelligible séparé de toute matière.

Si cet intellect est numériquement un dans tous les hommes, alors, de ce qui a été brièvement dit plus haut, il apparaît clairement que les hommes existants, mais aussi ceux qui ont disparu et ceux qui viendront, sont numériquement un. Mais <cette idée> est choquante, voire peut-être impossible. Si les hommes existants, mais aussi ceux qui ont disparu et ceux qui viendront, ne sont pas un numériquement, alors cet intellect n'est pas un numériquement. En somme, si cet intellect est un numériquement, tous les individus qui possèdent l'équivalent de cet intellect sont un numériquement. Tout se passe comme si tu prenais une pierre magnétique et la roulais dans la cire, et qu'elle attirait ce morceau de fer ou un autre morceau de fer, puis que tu la roulais dans

1. Il s'agit de toutes les formes qui, bien que n'étant pas jointes à une matière, sont cependant individuelles. Dans *La Conduite de l'isolé*, Ibn Bāǧǧa en dénombre quatre types : les formes des corps célestes, l'intellect agent et l'intellect acquis, les intelligibles matériels et les intentions présentes dans les facultés de l'âme.

du bitume, et qu'elle attirait le morceau de fer de la même manière, puis que tu la roulais dans d'autres corps. Alors tous ces corps en mouvement seraient un numériquement, comme dans le cas du capitaine du navire. Mais, dans le cas des corps, il est impossible que l'un d'entre eux soit dans <plusieurs> corps individuels en même temps, comme cela est possible pour les intelligibles. C'est ce que les partisans de la transmigration voulaient montrer, mais ils se sont arrêtés sur le seuil. [...]

Si l'on confère son dû à chacune des parties de cette question incertaine, il apparaît clairement que les intelligibles des choses existantes, c'est-à-dire les prédicats et leurs espèces, sont composés d'une chose qui demeure et d'une chose transitoire qui disparaît. Cela signifie que tu reçois <les intelligibles> en tant que perceptions de leurs substrats et intelligés à partir de <ces perceptions>, de sorte que <les intelligibles> adviennent en relation avec ces substrats, puisqu'ils sont constitués à travers cette relation. C'est pourquoi nous disons à propos du cheval que c'est un intelligible d'une certaine chose, alors que nous disons que le *nasnās*[1] et l'ogre ne sont les intelligibles de rien. Comme ils sont pris dans cette relation à leurs substrats, dont ils sont issus et *via* lesquels ils ont une place dans l'esprit, ils doivent nécessairement être reliés à certains substrats. Mais ces substrats sont différents de ceux dont <ces intelligibles> sont issus dans l'esprit de Zayd. Par exemple, la notion universelle indiquée par le mot « cheval » est une notion intelligible – comme nous l'avons expliqué à plusieurs endroits –, et elle est devenue un intelligible à partir de plusieurs chevaux individuels différents de ceux dont est

1. Créature imaginaire vivant dans les bois, qui comporte une jambe et un bras.

issu l'intelligible « cheval » pour Zayd, par exemple, et différents des individus grâce auxquels elle est devenue un intelligible pour toi. C'est pourquoi nous n'avons pas d'intelligible de l'éléphant ou de la girafe tant que nous n'en avons pas observé, parce que la notion indiquée par cette expression n'est pas un intelligible pour qui n'a jamais observé aucun de ses individus, sauf par analogie, mais alors il ne s'agira pas de la notion intelligible elle-même. Par contre, si j'en ai déjà observé, j'en possède les intelligibles, mais ils sont attachés à l'individu que j'ai observé. Cela est clair par soi-même et il serait superflu de s'y étendre.

L'intelligible, en tant qu'il est pris dans cette relation, disparaît quand disparaît l'objet avec lequel il est en relation, comme cela a été expliqué dans les *Catégories*. En effet, les deux objets en relation sont présents ensemble, soit en puissance, soit en acte. Cela apparaît clairement lorsqu'on les examine. Celui qui avait de l'argent puis l'a perdu était riche, puis ne l'était plus. De même, celui qui avait un seul fils était père. Si son fils meurt, il était père mais il ne l'est plus. Les individus auxquels est attaché l'intelligible chez un homme donné peuvent être détruits, mais il en reste les formes spirituelles. <L'intelligible> est dès lors en relation avec ces formes spirituelles, et n'est intelligé qu'avec elles et en elles. Si nous considérons que ces formes spirituelles sont détruites au cours de l'existence de l'homme, par exemple en tombant dans l'oubli, cet homme oublieux ne sera absolument pas conjoint à cet intelligible, car la conjonction de l'homme avec l'intelligible intervient seulement à travers la forme spirituelle. Or ces formes spirituelles, comme il a été expliqué ailleurs, adviennent grâce aux sens. Pour cette raison, les intelligibles sont présents dans le sommeil et l'homme qui rêve les ressent, si bien qu'il juge que la forme du lion qu'il voit dans son sommeil est effectivement un lion.

Ibn Bāǧǧa

Ibn Bāǧǧa, *Conjonction de l'intellect avec l'homme*, *Opera metaphysica*, éd. M. Faḫrī, Beyrouth, Dār an-Nahar, 2e éd., 1991, p. 161-164. Nous avons également consulté l'édition et la traduction du texte établies par Charles Genequand dans la traduction d'Ibn Bāǧǧa, *La Conduite de l'isolé et deux autres épîtres*, Paris, Vrin, 2010, p. 190-193. La traduction est nôtre.

L'intellect matériel est unique chez tous les hommes

Averroès, dans le *Grand Commentaire du* De anima, refuse la solution proposée par Ibn Bāǧǧa au problème de l'unité de l'intellect matériel, qu'il juge « équivoque[1] ». Il pose sur nouveaux frais le problème et conclut que, si l'intellect était « nombré par les hommes individuels », la forme intelligible reçue par le maître et l'élève ne serait pas une, et il devrait alors y avoir un intelligible de l'intelligible, et ainsi de suite. Il doit donc être un dans tous les individus, et séparé de la matière.

Bien au contraire[2], tu dois savoir que le rapport de l'intellect agent à cet intellect[3] est <comme> celui de la couleur au diaphane. De même, en effet, que la lumière est la perfection du diaphane, de même l'intellect agent est la perfection du matériel. Et de même que le diaphane n'est pas mû par la couleur ni ne reçoit celle-ci sauf quand il luit, de même cet intellect ne reçoit pas les intelligibles qui sont ici-bas sinon en tant qu'il est parfait par cet intellect et qu'il est illuminé par lui. Et de même que la lumière fait passer la couleur de la puissance à l'acte pour qu'elle puisse mettre en mouvement le diaphane, de même l'intellect agent fait passer à l'acte les « intentions » intelligibles en puissance pour que l'intellect

1. Averroès, *L'Intelligence de la pensée. Sur le* De anima, trad. Alain de Libera, Paris, Flammarion, « GF », 1998, p. 81.

2. C'est-à-dire contrairement à la thèse selon laquelle l'intellect matériel ne peut pas être une substance, parce qu'il est récepteur des intelligibles pensés par l'intellect en acte (qui est une substance).

3. C'est-à-dire l'intellect matériel.

matériel les reçoive. Voilà comment il faut entendre ce que sont l'intellect matériel et l'intellect agent.

Et quand l'intellect matériel est uni <à l'intellect agent> en tant qu'il est parfait par l'intellect agent, alors nous sommes unis avec l'intellect agent ; et cet état est appelé « acquisition » et « intellect acquis », comme on le verra ensuite. Ce mode selon lequel nous posons l'essence de l'intellect matériel résout toutes les questions existantes au sujet de notre thèse que l'intellect est à la fois un et multiple. Car, si la chose conçue en moi et en toi était une sous tous les modes, il faudrait que, quand je connais un certain intelligible, toi aussi tu le connaisses, et bien d'autres impossibilités. Et si nous posions qu'il est multiple, il faudrait que la chose conçue en moi et en toi soit une en espèce et deux en individu, et ainsi la chose conçue aurait une chose conçue, et on régresserait à l'infini. Il serait alors impossible que l'élève apprît du maître, à moins que le savoir qui est dans le maître ne soit une puissance engendrant et créant le savoir qui est dans l'élève, sur le mode par lequel un feu <singulier> en engendre un autre semblable en espèce – ce qui est impossible. Et le fait que ce qui est connu soit le même dans le maître et dans l'élève est ce qui a fait croire à Platon que la science était une réminiscence. Par conséquent, si nous posons que la chose intelligible qui est en moi et en toi est multiple dans le sujet selon lequel elle est vraie, c'est-à-dire les formes de l'imagination, et une dans le sujet par lequel elle est un intellect qui est un (et c'est l'intellect matériel), ces questions sont parfaitement résolues.

Averroès

Averroès, *L'Intelligence de la pensée. Sur le* De anima, trad. Alain de Libera, Paris, Flammarion, « GF », 1998, p. 79-80.

III

MÉTAPHYSIQUE

De nombreux problèmes de la philosophie naturelle se prolongent dans le domaine de la métaphysique, qui est la science de la Cause première ou de l'étant en tant qu'étant, selon l'interprétation que les philosophes en font. Les réflexions sur l'existence de l'infini véhiculent ainsi des enjeux majeurs sur l'une des principales questions de la métaphysique, celle de savoir si le monde est créé ou non. Al-Kindī s'appuie sur sa réfutation de l'infini actuel pour argumenter en faveur de la création temporelle du monde. Pour al-Rāzī, si les cinq principes que sont l'Âme, Dieu, la Matière, le Temps et le Lieu absolus sont éternels, le monde tel que nous le connaissons a été créé par Dieu à la suite de l'association de l'Âme à la Matière. Mais la plupart des philosophes, à partir du Xe siècle, prirent partie pour l'éternité du monde, notamment Averroès. La même question se pose à propos du temps, à savoir s'il est fini ou non. De nouveau, al-Kindī prend partie pour la finitude du temps, notamment dans *Sur la philosophie première*. En effet, le temps est un accident qui arrive au corps du monde : il ne précède pas le mouvement, puisque « du fait du mouvement il y a le temps, car le mouvement est un changement et le changement est la mesure de l'extension de ce qui change[1] ». Ainsi, si le monde est fini, le temps est également fini. Al-Rāzī se sépare ici d'al-Kindī, car il distingue le temps, qui est fini, de la durée, qui est éternelle.

Au IXe siècle, métaphysique et théologie sont encore étroitement liées. Ainsi, pour al-Kindī et al-Rāzī, les enjeux de la métaphysique sont principalement théologiques. Mais à partir du Xe siècle, et ce jusqu'à Avicenne, les questions métaphysiques deviennent un terrain d'affrontement entre philosophes et théologiens. C'est le cas, par exemple, de la question de l'éternité du monde, défendue par Aristote et par la plupart des philosophes arabes à partir du Xe siècle. Ainsi, les ash'arites font de la création ou, autrement dit, de l'advencité du monde, l'une des preuves de l'existence de Dieu. Pour ces théologiens, souligne Averroès, l'un de leurs plus virulents adversaires, l'advencité du monde doit prouver rationnellement l'existence de Dieu. Elle est fondée sur l'hypothèse atomiste selon laquelle les corps sont composés de particules indivisibles, elles-mêmes adventices[2]. La réfutation d'Averroès se fonde sur un argument logique : l'hypothèse de l'advencité du monde conduit soit à une régression à l'infini, soit à une contradiction. En effet, si l'on suppose que le monde est créé, alors il faut poser un créateur. Dès lors, ce créateur lui-même doit être soit créé, soit éternel. Mais ni l'un ni l'autre n'est possible. En effet, s'il est créé, alors il faudra aussi poser que le créateur du créateur a lui-même un créateur, et ainsi de suite à l'infini. S'il est éternel, ses actions aussi sont éternelles et le produit de ces actions, c'est-à-dire le monde, doit l'être aussi[3]. La question de ce qui a déterminé Dieu à créer

1. Al-Kindī, *Sur la philosophie première*, *op. cit.*, p. 36.
2. Averroès, *Livre sur le dévoilement des méthodes*, *op. cit.*, p. 100.
3. *Ibid.*, p. 101.

le monde préoccupait déjà al-Rāzī, qui élabora pour y répondre le mythe de l'incarnation de l'âme. Maïmonide, contemporain d'Averroès, s'attache lui aussi à détruire la preuve de l'existence de Dieu fondée sur l'advencité du monde. Le but poursuivi par Averroès comme par Maïmonide dans ces textes n'est absolument pas de remettre en cause l'existence de Dieu, mais de montrer que les méthodes des théologiens ne démontrent rien. Un autre point qui fit débat entre les théologiens et les philosophes est constitué par l'existence de la causalité entre les choses, rejetée par al-Ghazālī et restaurée par Averroès, au nom de la possibilité même du savoir[1].

1. Voir l'article de Peter Adamson, « Al-Ghāzālī, causality, knowledge », Twentieth World Congress of Philosophy, Boston, 1998, accessible en ligne : <www.bu.edu/wcp/Papers/Medi/MediAdam.htm>.

1

Qu'est-ce que la métaphysique ?

Le premier problème métaphysique consiste à savoir ce qu'est la métaphysique. Au IXe siècle, la métaphysique se rapproche de la théologie. En effet, comme l'a montré Marwan Rashed, « les philosophes arabes se sont graduellement distanciés, mais non entièrement détachés, de la théologie rationnelle des deux premiers siècles de l'Hégire, en réactualisant telle ou telle partie de l'héritage grec qui leur paraissait la mieux à même de répondre à des questions laissées ouvertes par les théologiens[1] », notamment sur le monde. Ainsi, poursuit Marwan Rashed, pour al-Kindī, mais aussi pour Thābit ibn Qurra et al-Rāzī, la métaphysique est comprise comme une interprétation de la création du monde telle que l'expose le *Timée* de Platon[2]. Dans la question de la genèse du monde, al-Kindī s'intéresse à l'interprétation du démiurge comme cause, qu'on lit au début du *Timée* : « Tout ce qui est engendré est nécessairement engendré sous l'effet d'une cause ; car, sans l'intervention d'une cause,

1. Marwan Rashed, « Les débuts de la philosophie moderne », *op. cit.*, p. 144.

2. *Ibid.*, p. 144-145.

rien ne peut être engendré[1]. » Al-Kindī introduit ensuite à l'intérieur de ce cadre platonicien certains éléments aristotéliciens. Ainsi, il applique à cette Cause première la grille conceptuelle des causes chez Aristote, en distinguant cause matérielle, formelle, agente et finale.

Appartenant au même moment platonicien de la philosophie arabe, al-Rāzī se fonde sur la partie médicale du *Timée* pour mettre en place sa théorie des cinq éternels. L'enjeu de cette doctrine est théologique : l'Âme, désireuse de s'associer à la Matière, s'est exposée au mal. Celui-ci ne vient donc pas de Dieu, qui reste bon et juste, mais n'a pas pu empêcher l'association de l'Âme avec la Matière. Le lien entre la production démiurgique du *Timée* et la théorie des cinq éternels apparaît encore plus clairement si on lit ce passage en parallèle avec les *Doutes sur Galien* du même al-Rāzī. Pour al-Rāzī, la métaphysique, ou plutôt sa métaphysique, n'est pas seulement une théologie, mais aussi la condition du savoir médical. Galien, explique al-Rāzī, défend bien mal l'idée que l'Âme se sert du corps comme d'un instrument dans son traité *Sur l'utilité des parties*. En effet, pour soutenir une telle idée, il faut poser la question de savoir si l'Âme a été créée par un créateur sage ou si elle est éternelle. Si elle a été créée, il faut expliquer dès lors ce qui y a déterminé le créateur, et surtout expliquer quelle est sa sagesse lorsque l'on voit les souffrances et la corruption de l'Âme dans ce monde. Si elle est éternelle, il faut savoir ce qui l'a déterminée à descendre dans le corps. En bref, seul le système métaphysique élaboré par al-Rāzī permet d'établir fermement cette idée de l'Âme, et par là, d'ouvrir la voie à la compréhension de l'utilité des parties du corps.

1. Platon, *Timée*, trad. L. Brisson, Paris, Flammarion, « GF », 1999, 28a, p. 116.

Tout change au Xe siècle avec al-Fārābī, pour qui c'est mal comprendre l'objet de la métaphysique que de la replier sur la théologie. En effet, la métaphysique n'est pas la science de la Cause première mais celle de l'étant en tant qu'étant. Elle n'est pas une théologie mais une ontologie. Avicenne expliquera plus tard avoir enfin compris la *Métaphysique* d'Aristote grâce à l'interprétation d'al-Fārābī. Cela ne l'empêche pas de faire de la métaphysique l'outil de la théologie : ainsi, sa distinction entre l'essence et l'existence est utilisée comme la première partie de la preuve de l'existence de Dieu.

La métaphysique est la science de la Cause première

Le premier problème métaphysique est celui de savoir ce qu'est la métaphysique. Chez al-Kindī, philosophie et théologie sont étroitement liées. Cette connexion profonde est visible dans sa définition de la métaphysique comme science du Vrai premier, ou de la Cause première, en d'autres termes de Dieu, alors qu'al-Fārābī la définira comme la science de l'étant en tant qu'étant.

Celui des arts humains qui a la dignité la plus haute, le rang le plus noble, est l'art de la philosophie. On définit celle-ci comme étant « la science des choses en leurs vérités dans la mesure où l'homme en est capable ». Le but du philosophe est en effet d'atteindre dans sa science le vrai, et dans son action d'agir selon le vrai ; non pas l'activité sans fin car nous nous interrompons, et l'activité cesse, lorsque nous parvenons au vrai. Or ce que nous cherchons du vrai, nous ne le trouvons pas sans lui avoir trouvé une cause, et la cause de l'être de toute chose et de sa stabilité est le vrai puisque tout ce qui a une existence a une vérité et qu'ainsi, nécessairement, le vrai est, pour des existences qui sont. La philosophie la plus noble et du plus haut rang est la philosophie première : je veux dire la science du Vrai premier qui est la cause de tout vrai. Pour cette raison, le philosophe accompli et le plus noble est l'homme qui possède cette science la plus noble : car la science de la cause est plus noble que la science de l'effet, puisque nous connaissons d'une science complète chacune de nos connaissances lorsque nous possédons nous-mêmes la science de sa cause.

En effet, toute cause est soit matière, soit forme, soit cause agente, c'est-à-dire ce à partir de quoi est le début du mouvement, soit cause finale – je veux dire ce en vue de quoi est la chose. Et les questions scientifiques sont quatre, comme nous l'avons déterminé ailleurs dans nos traités de philosophie : ce sont *est-ce que*, *quoi*, *quel*, *pourquoi*. *Est-ce que* s'enquiert seulement de l'existence ; mais toute existence a un genre et *quoi* s'enquiert de son genre ; *quel* s'enquiert de sa différence, et *quoi* et *quel* ensemble s'enquièrent de son espèce ; *pourquoi*, de sa cause finale, étant donné qu'elle s'enquiert de la cause absolue. Il est clair que lorsque nous possédons la science de la matière <d'une existence>, nous possédons alors la science de son genre ; quand nous possédons la science de sa forme, nous possédons alors la science de son espèce : or dans la science de l'espèce, il y a la science de la différence. Donc quand nous possédons la science de sa matière, celle de sa forme et celle de sa cause finale, nous possédons alors la science de sa définition – et la vérité de tout défini est dans sa définition.

C'est donc à bon droit qu'on appelle *philosophie première* la science de la Cause première, étant donné que tout le contenu de la philosophie est inclus dans la science qu'on a de la Cause première et qu'ainsi elle est première par la noblesse, première par le genre, première par le rang du point de vue de ce qui est scientifiquement le plus certain, et première par le temps puisque la Cause première est la cause du temps.

Al-Kindī

Al-Kindī, *Sur la philosophie première*, éd. et trad. Roshdi Rashed et Jean Jolivet, *Œuvres philosophiques et scientifiques d'al-Kindī*, t. II, *Métaphysique et cosmologie*, Leyde, Brill, 1998, p. 8-10.

Les cinq éternels

Al-Rāzī est l'auteur d'un système cosmologico-théologique reposant sur les « cinq éternels », principes d'un mythe cosmogonique qui lui permet d'expliquer métaphysiquement la présence du mal dans le monde en plaçant, aux côtés du Créateur, l'Âme, dont les tourments commencent avec son union à la Matière.

Le Créateur crée le monde selon la meilleure configuration possible, en particulier en diffusant sur l'âme l'intellect, pour lui permettre de remonter vers sa véritable patrie. En l'absence du traité métaphysique d'al-Rāzī, nous ne connaissons ce système qu'à travers des fragments transmis par ses adversaires.

Muḥammad ibn Zakarīyā' al-Rāzī déclara, en invoquant l'autorité des anciens Grecs, qu'il existe cinq principes éternels : le Créateur – qu'Il soit exhaussé –, l'Âme universelle, la Matière primitive, le Lieu et le Temps absolus. Il construisit à partir de cela, par dérivation, sa propre théorie. Il distingua le temps et la durée en attribuant le nombre à l'un d'eux et non pas à l'autre, car la finitude est la conséquence du fait d'être nombré, exactement comme les philosophes ont défini le temps comme une durée qui possède un début et une fin, et ont défini l'éternité comme une durée qui n'a ni début ni fin. Il établit que les cinq <principes>, dans l'existence <de ce qui est>, sont nécessairement. En effet, le sensible, dans cette <existence>, est constitué par la

Matière, informée par la composition. Or la Matière est localisée, donc il faut nécessairement que le Lieu existe. Ensuite, les différents états qui affectent <le sensible> procèdent des propriétés nécessaires du temps, car certains l'affectent avant, d'autres après. Or c'est grâce au Temps que l'ancien est distingué du récent, le plus ancien du plus récent, et la simultanéité. Il faut donc nécessairement que le Temps existe. Ensuite, parmi ce qui est, se trouvent des vivants, et il faut donc nécessairement que l'Âme existe. Enfin, on trouve en eux des <êtres> intelligents et un art maîtrisé à la perfection, si bien qu'il faut nécessairement qu'existe le créateur sage et savant, qui conduise à la perfection et corrige de la plus belle manière possible, et qui fait s'émaner la puissance de l'intellect en direction du salut.

Bīrūnī, *Études des idées de l'Inde, qu'elles soient conformes à la raison ou rejetées par celle-ci.*

*

Le second groupe est constitué par ceux qui disent que l'origine du monde n'est pas dans un corps, et ils se divisent à leur tour en deux groupes. Le premier groupe est celui des ḥarnāniens[1], qui ont établi l'existence des cinq éternels : le Créateur, l'Âme, la Matière, l'Éternité et le Vide. Ils ont déclaré que le Créateur – qu'Il soit exhaussé – possède une science et une sagesse parfaites, et ne se rend pas coupable d'inattention ou de négligence. De lui émane l'intellect, à la manière dont la

1. Auxquels Faḫr al-Dīn attribue la doctrine des cinq principes, qu'al-Rāzī leur aurait seulement empruntée (voir P. Kraus, *Opera philosophica*, t. I, Le Caire, 1939, p. 192). Le terme « ḥarnāniens » est probablement une dérivation de « harrāniens » (voir Marwan Rashed, « Abū Bakr al-Rāzī et le *kalām* », *MIDEO*, n° 24, 2000, p. 45).

lumière émane du disque <solaire>. Il – qu'Il soit exhaussé – a des choses une connaissance parfaite. Quant à l'Âme, d'elle émane la vie, à la manière dont la lumière émane du disque <solaire>. Mais <l'Âme> est ignorante et ne connaît pas les choses tant qu'elle ne s'est pas appliquée à elles. Le Créateur – qu'Il soit exhaussé – savait que l'Âme inclinerait à s'attacher à la Matière, à la désirer, à rechercher les plaisirs corporels, à détester la séparation d'avec les corps et à s'oublier elle-même. Comme la sagesse parfaite est l'attribut du Créateur – qu'Il soit exhaussé –, Il se tourna vers la Matière après que l'Âme se fut attachée à elle, et la modela en de multiples compositions, comme les cieux et les éléments. Il composa les corps des animaux de la plus parfaite manière, étant donné que le degré de corruption dont ils restèrent l'objet ne pouvait pas être éradiqué. Ensuite, Il – qu'Il soit glorifié et exhaussé – a fait s'émaner sur l'Âme l'intellect et la perception, pour qu'ils soient causes que l'Âme se souvienne de son monde et comprenne que, tant qu'elle resterait dans le monde matériel, elle n'échapperait pas aux douleurs. Lorsque l'Âme réalisera cela et réalisera qu'elle peut jouir dans son propre monde de plaisirs exempts de douleurs, elle aspirera à ce monde, s'élèvera jusqu'à lui après s'être détachée <du corps> et demeurera là-bas éternellement, dans une joie et un bonheur extrêmes.

Ils déclarèrent que, en suivant cette voie, les difficultés que se renvoient les partisans de l'éternité du monde et les partisans de sa création disparaissent. Les partisans de l'éternité demandent : si le monde avait été créé, pourquoi Dieu – qu'Il soit exhaussé – l'aurait-Il créé à ce moment précis et pourquoi ne l'aurait-Il pas créé avant ou après ? De plus, si le créateur du monde est sage, pourquoi le monde est-il rempli de maux ? De leur côté, les partisans de la création déclarent que, si le monde était éternel, il n'aurait pas besoin d'agent. Or cela est sans aucun doute faux, puisque nous voyons que les traces de la sagesse sont manifestes dans le monde.

Les deux groupes sont jetés dans la perplexité par ces questions. Mais en suivant la voie indiquée, les problèmes disparaissent. En effet, puisque nous croyons en l'existence d'un Artisan sage, et non d'un corps, nous nous rangeons du côté de la création du monde. Et si on <nous> objecte : « Pourquoi dès lors a-t-Il créé le monde à ce moment ? », nous répondons : « Parce que c'est à ce moment précis que l'Âme s'est attachée à la Matière, et que le Créateur – qu'Il soit exhaussé – savait que cet attachement était cause de corruption, mais que, une fois ce malheur arrivé, il l'infléchirait pour qu'il prenne la tournure la plus bénéfique possible. Les maux qui persistèrent ne le firent que parce qu'il n'était pas possible de les séparer de cette composition. »

Deux questions demeurent. La première est la suivante : pourquoi l'Âme s'est-elle attachée à la Matière après n'avoir pas été attachée à elle ? En effet, si cet attachement a eu lieu sans cause, alors il est possible que le monde dans son ensemble ait été créé sans cause. La seconde est la suivante : pourquoi le créateur – qu'Il soit exhaussé – n'a-t-Il pas empêché l'Âme de s'attacher à la Matière ?

<Les ḥarnāniens> répondent à la première que cette question n'est pas recevable par les théologiens, car ces derniers soutiennent que Celui qui a le pouvoir d'agir et de choisir peut accorder Sa préférence à l'une de Ses actions au détriment des autres sans principe déterminant. Dès lors, pourquoi n'accorderaient-ils pas la même chose à l'Âme ? Elle n'est pas non plus recevable par les philosophes, car ils accordent que ce qui précède est une cause préparatoire de ce qui suit. Donc pourquoi

n'accorderaient-ils pas que l'Âme est éternelle et possède un nombre infini de représentations nouvelles et que, tout ce qui précède ne cessant pas d'être cause de ce qui suit, elle en arrive à la représentation précise qui rend cet attachement nécessaire ?

Ils répondent à la seconde question en disant que le créateur savait qu'il valait mieux, pour l'Âme, qu'elle en vienne à connaître les maux dus à cet attachement, afin qu'elle renonce d'elle-même à ce mélange. De plus, c'est par le biais de son mélange à la Matière que l'Âme acquiert les vertus intellectuelles qu'elle ne possédait pas auparavant. En raison de ces deux incidences, le Créateur n'empêcha pas l'Âme de s'attacher à la Matière.

Faḫr al-Dīn al-Rāzī, *La Moisson des pensées des anciens et des modernes*.

Al-Rāzī

Al-Rāzī, *Opera philosophica*, éd. P. Kraus, Le Caire, 1939, t. I, p. 195-212. La traduction est nôtre.

La métaphysique est la science de l'étant en tant qu'étant

À la différence d'al-Kindī, al-Fārābī refuse de faire de la métaphysique une théologie rationnelle. Pour lui, comme il l'explique dans son commentaire *Sur les buts de la* Métaphysique *d'Aristote*, la métaphysique n'est pas la science de la Cause première mais la « science de l'être pris absolument et ce qui a même rang de généralité ».

Notre intention dans ce traité est d'indiquer le but que comporte le livre d'Aristote connu sous le nom de *Métaphysique* et ses divisions premières.

Nombreux sont ceux, en effet, qui se sont laissés aller à penser que le propos et la teneur de ce livre étaient de traiter du créateur – Il est glorifié et exalté ! –, de l'intellect, de l'âme et de toutes les autres choses analogues, et que la science métaphysique et la science de l'Unicité n'en faisaient qu'une seule et même. C'est pour cette raison que nous trouvons la plupart de ceux qui étudient ce livre dans l'embarras et l'égarement puisque la plus grande part de ce qui y est dit se trouve en fait ne tenir aucun compte de ce but-là. Ce qui est dit de propre à ce but ne se trouve au reste nulle part ailleurs que dans le traité 11 signalé par *Lâm*.

En outre, pour ce qui est des Anciens, ils n'ont rien dit pour commenter ce livre comme il eût convenu et comme cela a été fait pour les autres livres. En fait de commentaire, il existe sur le traité de *Lâm* celui – incomplet – d'Alexandre et celui – complet – de Thémistius. Les autres traités, quant à eux, soit ne furent pas commentés, soit rien n'en est parvenu jusqu'à notre époque. C'est du moins ce qu'on peut supposer puisqu'il est noté dans les livres des péripatéticiens postérieurs qu'Alexandre avait commenté ce livre entièrement.

Quant à nous, nous voudrions montrer le but qui y est visé et le but que comprend chaque traité. Disons donc que, parmi les sciences, il en est de particulières et il en est d'universelles. Les sciences particulières sont celles dont les objets sont certains étants et certaines notions, dont la caractéristique propre est d'être étudiés avec leurs accidents. La science physique, par exemple, étudie certains étants, c'est-à-dire le corps, en tant qu'il est en mouvement, s'altère et passe au repos à partir du mouvement et en tant que <s'appliquent> à lui les principes et les concomitants de tout cela. La géométrie étudie les grandeurs – en tant qu'elles reçoivent leurs qualités propres et les relations qui s'instaurent entre elles – eu égard à leurs principes concomitants – et en tant qu'il en va ainsi et pas autrement. Il en va de même de l'arithmétique à l'égard du nombre et de la médecine à l'égard des corps humains <qu'elle étudie> en tant qu'ils sont sains ou malades, et ainsi des autres sciences particulières, aucune d'entre elles ne comprenant la *théôria* de ce qui vaut de manière générale pour l'ensemble des étants.

Pour ce qui est de la science universelle, c'est celle qui étudie la chose qui vaut d'une façon générale pour l'ensemble des étants tels que l'être et l'unité ; les espèces et les concomitants de cette chose et les choses qui ne sont susceptibles d'être restreintes à aucun des objets des sciences particulières comme, par exemple, l'antériorité et la postérité, la puissance et l'acte, l'achevé et le déficient et ce qui est pareil à cela ; le principe commun à l'ensemble des étants, à savoir la chose qu'il convient d'appeler Dieu – louée est Sa majesté !

Il faut que la science universelle soit une science unique, car si jamais il s'agissait de deux sciences toutes deux universelles, chacune d'elles aurait un objet propre ; or la science qui a un objet propre et qui n'englobe pas l'objet de telle autre science est une science particulière. Donc les deux sciences seraient particulières, ce qui est contradictoire. Par conséquent, la science universelle est unique. Partant, il faut que la théologie entre dans cette science car Dieu est principe de l'étant pris absolument et non pas de tel étant à l'exclusion de tel autre. Aussi, la division <de la science métaphysique> qui comprend en elle la donation du commencement de l'être doit être la théologie, car ces réalités conceptuelles-ci ne sont pas particulières aux réalités physiques, mais sont d'une généralité plus élevée que la leur. Cette science est donc plus élevée que la physique et au-delà de celle-ci. C'est pour cela que l'appeler « science de ce qui est au-delà de la physique » s'impose.

La science mathématique, elle, même si elle est plus élevée que la physique, dans la mesure où ces objets sont abstraits des matières, ne doit pas être appelée « science métaphysique » parce que le caractère abstrait de ses objets à l'égard des matières est notionnel et non pas ontologique. D'ailleurs, dans l'Être, ces objets [les objets des mathématiques] n'ont d'autre existence que dans les réalités physiques, alors que, parmi les objets de cette science-là [la science métaphysique], il en est qui n'ont pas d'existence du tout dans les réalités physiques, qu'elle soit notionnelle ou bien réelle. Autrement dit, ce n'est pas l'imagination notionnelle seulement qui abstrait ces objets des réalités physiques, mais c'est leur être et leur nature mêmes qui ne sont rien d'autre qu'abstraits. Parmi ces objets, il en est par ailleurs qui existent dans les réalités physiques alors même qu'on s'en forme une image notionnelle indépendamment de celles-ci. Mais dans ce cas, ce n'est pas en vertu de leur essence que <ces objets> existent dans ces réalités physiques, en tant que leur être ne pourrait s'en déprendre et qu'eux-mêmes subsisteraient grâce à elles ; en fait, ils s'appliquent aux réalités physiques comme aux réalités non physiques, que ces dernières soient séparées réellement ou qu'elles le soient par le biais de l'imagination notionnelle.

Par conséquent, la science qui mérite d'être appelée de ce nom est cette science-ci. Partant, elle seule, à l'exclusion de toutes les autres sciences, est la science de « ce qui est au-delà de la physique ».

L'objet premier de cette science est l'être pris absolument et ce qui a même rang de généralité, à savoir l'un. Cela dit, étant donné que la science des opposés est une, c'est dans cette science également que se place l'étude du non-être et de la multiplicité. Après ces objets-ci et l'enquête portant sur leur réalité, elle étudie ensuite celles des choses qui tiennent lieu d'espèces, comme les dix catégories de l'étant et les espèces de l'un, comme l'un selon l'individu, l'un selon l'espèce, l'un selon le genre et l'un selon l'analogie, ainsi que les divisions de chacun d'eux. Elle étudie pareillement les espèces du non-être et de la multiplicité ; les concomitants de l'être, comme la puissance et l'acte, l'achèvement et la déficience, la cause et le causé ; les concomitants de l'unité, comme l'identité, la similitude, l'égalité, la concordance, l'équivalence et l'analogie. Elle étudie ensuite les principes de chacune de ces choses qui se séparent en branches différentes et se divisent jusqu'à ce que soient atteints les objets des sciences particulières. Cette science arrive à son point d'achèvement quand les principes de l'ensemble des sciences particulières et la définition de leurs objets sont devenus évidents.

Telles sont les choses sur lesquelles porte l'enquête dans cette science.

Al-Fārābī

Al-Fārābī, *Les Buts de la* Métaphysique *d'Aristote*, dans *Alfārābī's philosophische Abhandlungen*, éd. Friedrich Dieterci, Leyde, Brill, 1890, p. 34-36, traduction inédite par Philippe Vallat.

Essence et existence

Dans la partie *Métaphysique* du *Livre de la guérison*, Avicenne distingue l'essence d'une chose (*māhīya*) de son existence (*wuǧūd*). Cette distinction logique s'inspire des deux dernières questions que, selon Aristote, l'on pose lorsque l'on souhaite connaître une chose : « si c'est et ce que c'est[1] ». Elle deviendra fondamentale pour toute la philosophie médiévale occidentale, de Thomas d'Aquin à Duns Scot. Les implications ontologiques que revêt la distinction chez Avicenne seront mises en question par Suhrawardī.

Nous dirons : il est évident que, pour toute chose, il y a une nature propre, qui est son essence. On sait que la nature de toute chose qui lui est propre est autre que l'existence qui est synonyme de l'affirmation. Et cela parce que si tu dis : « la nature de telle chose existe », que ce soit concrètement, ou dans l'âme, ou d'une manière absolue qui les embrasse toutes les deux, il y aura à cela une intention [*ma'nā*] acquise intelligée.

Mais si tu dis : « la nature de cela est la nature de cela », ou « la nature de cela est une nature », ce serait une tautologie inutile. Si tu dis : « la nature de cela est une chose », ce serait également une affirmation qui ne livre pas ce qu'on ignore. Et c'est encore moins profitable de dire que « la nature est une chose », à moins d'entendre par « chose » l'existante, comme si tu disais : « la nature de cela est une nature existante ». Mais si tu

1. Aristote, *Seconds Analytiques*, II, 89b20-35.

dis : « la nature de A est une chose et la nature de B est une autre chose », cela n’est valide et n’apporte de profit que parce que tu as caché par-devers toi dans l’âme que c’est une chose autre particulière différente de la <première> chose. C’est comme si tu disais : « la nature de A est une nature et la nature de B est une autre nature ». Sans ce sous-entendu et cette conjonction, on n’aurait aucun résultat. Par conséquent, par « chose », on entend cette intention.

La concomitance de l’intention de l’existence ne quitte jamais <la chose> : bien plus, l’intention de l’existant l’accompagne nécessairement toujours, car <la chose> existe soit concrètement, soit dans l’imagination et l’intellect. S’il n’en était pas ainsi, elle ne serait pas une chose.

Quand on dit : « la chose, c’est ce sur quoi on porte une énonciation », cela est vrai, et qu’ensuite on dise, malgré cela : « la chose peut ne pas exister absolument », c’est là un point qui doit être discuté. Si par non-existant on entend le non-existant concrètement, il est possible qu’il en soit ainsi. En effet, il est possible que la chose soit établie dans l’esprit et n’existe pas dans les choses extérieures. Mais si on entend autre chose que cela, cela serait faux ; il n’y aurait, à son sujet, d’aucune façon, un énoncé et la chose ne pourrait pas être connue ; sauf si elle est représentée dans l’âme seulement. Mais qu’elle soit représentée dans l’âme selon une forme qui désignerait quelque chose d’extérieur, cela non.

Avicenne

Avicenne, *Livre de la guérison*, « Métaphysique », trad. G. Anawati, *La Métaphysique du Šifā’*, I, V, Paris, Vrin, 1985, p. 108-109 (traduction modifiée).

Sur l'existence de l'Être nécessaire

Fort de la distinction qu'il a opérée entre essence et existence (voir texte précédent), Avicenne entreprend de donner une démonstration philosophique de l'existence de Dieu. Fondée sur la seule analyse de l'idée d'être nécessaire, cette démonstration est plus rigoureuse et plus efficace, selon Avicenne, que les preuves fournies par les *mutakallimūn* basées sur la nécessité d'une création pour expliquer la perfection des corps. Nous en donnons ici la version présentée dans le *Livre des directives et des remarques*.

Directive

[Le point de départ d'une série de causes et d'effets est une cause non elle-même causée]

Toute somme formée régulièrement de causes et d'effets qui se font suite, et en laquelle se trouve une cause qui n'est pas un effet, a celle-ci pour extrémité car, si elle était au milieu, elle serait causée.

Directive

[Cette cause est l'Être nécessaire par soi]

Toute chaîne disposée à partir de causes et d'effets est finie ou infinie. Il s'est montré évident que, si elle inclut seulement ce qui est causé, elle a besoin d'une cause extrinsèque, mais avec laquelle elle soit en jonction, sans aucun doute, par une de ses extrémités. Il est clair que, s'il y a en elle quelque chose qui n'est pas causé, ce sera une extrémité, une limite. Toute chaîne, donc, se termine par l'Être nécessaire par soi.

Directive [sur la nature des éléments concordants par rapport aux éléments différents dans une même espèce]

Chacune des choses qui diffèrent par leurs essences concrètes et concordent par ce qui leur est constitutif doivent avoir ou bien ce en quoi elles concordent pour concomitant de ce par quoi elles diffèrent, les choses diverses ayant un même concomitant – ce que l'on ne nie pas – ou bien ce par quoi elles diffèrent pour concomitant de ce en quoi elles concordent, ce qui fait suite à l'un étant divers et opposé – ce que l'on nie –, ou bien ce en quoi elles concordent sera un accident survenant à ce par quoi elles diffèrent – ce que l'on ne nie pas – ou bien ce en quoi elles diffèrent sera un accident survenant à ce en quoi elles concordent, et ceci n'est pas nié non plus.

Directive

[L'existence n'est pas un attribut comme les autres]

Il se peut que la quiddité de la chose soit cause d'un de ses attributs et qu'un attribut lui appartenant soit cause d'un autre attribut comme la différence spécifique pour le propre. Cependant, l'attribut qu'est l'existence ne peut pas légitimement appartenir à la chose seulement à cause d'une quiddité qui n'est pas l'existence, ou à cause d'un autre attribut ; parce que la cause et antérieure dans l'être, mais rien ne préexiste avant l'existence.

Directive

[Démonstration de l'unité de l'Être nécessaire]

L'Être nécessaire est ce qui se distingue soi-même, si cette sienne détermination existe parce qu'il est l'Être nécessaire, car il n'y a pas d'être nécessaire autre que lui. Si son état de détermination n'est pas motivé par cela, mais par autre chose, il est lui-même causé, parce que si l'Être nécessaire fait suite à sa détermination, son existence devient un conséquent de la quiddité d'un autre que lui, ou un attribut, et c'est contradictoire. Si elle est un accident, il lui convient mieux de se rattacher à une cause <extérieure>. Et si ce par quoi il est déterminé survient comme accident de l'existence, c'est l'effet d'une cause. Or si l'existence et ce par quoi sa quiddité est déterminée ne font qu'un, cette cause est cause de la singularité de ce qui, appartenant à son essence, nécessite son existence, ce qui est absurde. Et si la venue de l'existence a lieu accidentellement après une détermination première antérieure, c'est précisément ce dont nous parlons et le reste est absurde.

Avicenne

Avicenne, *Livre des directives et des remarques*, trad. A.-M. Goichon, Paris, Vrin, 1951, rééd. 1999, p. 360-363.

La distinction entre essence et existence est seulement intentionnelle

Dans le premier livre de la *Philosophie de l'illumination*, Suhrawardī traite de la logique et de la philosophie péripatéticiennes. Il dénonce notamment les implications ontologiques de la distinction entre l'essence et l'existence, chez les aristotéliciens, et en particulier chez Avicenne, qui semble faire de l'existence et de l'essence deux entités réelles dans la chose. Dans ce cas, demande Suhrawardī, ne faut-il pas régresser à l'infini et demander si l'existence elle-même ne devrait pas avoir une existence ? L'existence fait partie des « entités intellectuelles », concepts qui n'ont d'autre réalité que nominale.

Un jugement [sur les entités intellectuelles[1]]

§ 56. L'existence est appliquée dans le même sens et selon la même compréhension à la noirceur, la substance, l'homme et le cheval. Elle constitue ainsi une notion intelligible plus générale que chacun <d'entre eux>. Il en va de même pour le concept d'essence [*māhīya*] pris absolument, ou de choséité, ou de nature, pris absolument. C'est pourquoi nous soutenons que ces prédicats sont purement intellectuels. En effet, si l'existence était une entité attribuée à la noirceur seulement, elle ne pourrait pas être appliquée à la fois à la blancheur,

1. Nous traduisons ainsi l'arabe *al-i'tibārāt al-'aqliya*, littéralement « expressions de l'esprit », qui désignent des catégories logiques dotées à tort de réalité ontologique.

à la <noirceur> et à la substance dans le même sens. Si <l'existence> est entendue dans un sens plus général que la substantialité, alors, soit elle advient dans la substance et subsiste à travers elle, soit elle est indépendante par elle-même. Si elle est indépendante par elle-même, alors elle ne fait pas partie de la description de la substance, car sa relation <à la substance> est la même qu'aux autres choses. Mais si elle est inhérente à la substance, il n'y a pas de doute qu'elle lui advienne. Or advenir, c'est exister, et donc, si l'existence advient, alors <l'existence> existe. Si son être existant était entendu comme une entité exprimant l'existence elle-même, alors on ne pourrait appliquer « existant » dans le même sens à l'existence et à quelque chose d'autre, car ce qui est conçu par « existant » à propos des choses, c'est ce que ce sont des choses auxquelles appartient l'existence, et <ce qui est conçu par « existant »> à propos de l'existence elle-même, c'est qu'elle est l'existence. Nous-mêmes ne l'attribuons à plusieurs choses qu'en un sens seulement.

Ensuite, nous disons : « si la noirceur n'existe pas, alors son existence n'advient pas, et donc son existence n'est pas une chose existante, car son existence n'existe pas non plus ». C'est-à-dire que, quand nous considérons par la réflexion l'existence et jugeons qu'elle n'est pas une chose existante, notre concept de l'existence n'est pas le même que notre concept de la chose existante. Nous pouvons dire : « la noirceur, que nous avions entendue comme n'existant pas, existe <désormais>, et son existence, qui n'était pas encore advenue, est <désormais> advenue. Alors, l'advenue de l'existence est distincte <de l'existence> ». Dès lors, l'existence aurait une existence, et le même discours s'applique à l'existence de l'existence, et ainsi de suite à l'infini. Or un ensemble d'attributs ordonnés à l'infini représente une chose absurde.

Suhrawardī

Suhrawardī, *Philosophie de l'illumination*, I, 3, § 56, éd. J. Walbridge et H. Ziai, Provo (Utah), Brigham Young University, 1999, p. 45. La traduction est nôtre.

2

Le monde est-il créé ou éternel ?

À la question de savoir si le monde est créé ou éternel, les réponses des philosophes laissent voir là encore une nette périodicité, qui dépend de l'interprétation même de la métaphysique évoquée plus haut comme science de la Cause première ou science de l'étant en tant qu'étant. En effet, si la métaphysique est la science de la Cause première, et si, plus précisément encore, elle cherche à comprendre l'action du démiurge, le monde doit être créé, puisque c'est justement sa création que l'on cherche à comprendre. Ainsi, al-Kindī dans *Sur la philosophie première* montre que le monde doit avoir un commencement, et que le temps ne précède pas le corps du monde, ni le corps du monde ne précède le temps. L'opinion d'al-Rāzī sur l'éternité du monde s'exprime moins clairement, en tout cas dans les *Doutes sur Galien*. En effet, lors du passage consacré à la critique du raisonnement en faveur de l'éternité du monde par Galien dans son traité *Sur la démonstration*, al-Rāzī ne se prononce pas explicitement en faveur de la création du monde. Il pourrait tout aussi bien critiquer la faiblesse du raisonnement de Galien au sujet d'une théorie qu'il pense pouvoir mieux défendre. Cependant, si on lit ce texte en parallèle de sa doctrine des cinq éternels, il semble clair que, si la Matière est éternelle, la composition des corps naturels ainsi que des différentes formes matérielles est l'œuvre de Dieu, après l'incarnation de l'Âme. Les pages d'al-Rāzī sur le traité *Sur la démonstration* de Galien sont d'autant plus précieuses qu'elles constituent notre seule voie d'accès à ce traité de Galien, aujourd'hui perdu. Or s'il y défend bien l'éternité du monde comme il semble le faire, cette opinion diffère du scepticisme que Galien affiche ailleurs sur cette question.

Le débat sur la création du monde fut l'occasion, pour les philosophes, de se confronter aux théologiens, et d'affirmer à nouveau le pouvoir de la philosophie. Ainsi, l'observation de la finalité à l'œuvre dans le monde constitue un des arguments des théologiens en faveur de la création du monde par un Dieu artisan sage. La finitude de la terre et des cieux en est une autre, selon le théologien Saadia Gaon. Or la nécessité que le monde ait été créé est bien entendu la preuve ultime de l'existence de Dieu. Cependant, explique Maïmonide, cette manière de prouver l'existence de Dieu relève de la dialectique du *kalām* et ne saurait en aucun cas constituer une démonstration, car l'idée de la création du monde est simplement admise, les théologiens ne parvenant pas à réfuter l'hypothèse aristotélicienne de l'éternité du monde.

L'impossibilité de l'éternité du monde

Al-Kindī donne une réponse nettement finitiste à la question de savoir si le monde est créé ou éternel, rejetant par là la thèse aristotélicienne de l'éternité du monde. Pour lui, le monde ne peut être éternel, car le temps doit avoir un commencement et ne peut être infini. Il s'oppose en cela à Avicenne et Averroès, qui soutiendront, avec Aristote, que le monde est éternel.

Parmi les prémisses premières, vraies et intelligibles immédiatement, il y a celles-ci :

– tous les corps parmi lesquels aucune chose n'est plus grande qu'une autre sont égaux ;

– sont égaux ceux dont les distances entre leurs limites sont égales en acte et en puissance ;

– ce qui a une limite n'est pas infini ;

– pour tous les corps égaux, si l'on ajoute à l'un d'eux un corps, il est alors le plus grand, et il est plus grand qu'il n'était avant qu'on y ajoutât ce corps ;

– si deux corps de grandeur finie sont réunis, le corps qui en résulte est de grandeur finie ; cela est nécessaire aussi pour toute grandeur et pour tout ce qui a une grandeur ;

– la plus petite de deux choses homogènes mesure la plus grande ou en mesure une part.

Donc, si d'un corps infini on retranche un corps de grandeur finie, ce qui en reste sera soit de grandeur finie, soit de grandeur infinie. Mais si ce qui en reste est de grandeur finie et qu'on lui ajoute ce qui en a été retranché et qui est de grandeur finie, alors le corps qui résulte de tous deux sera de grandeur finie ; or ce qui résulte d'eux est cela qui, avant qu'on n'en retranchât quelque chose, était de grandeur infinie ; ainsi donc ce qui est fini est infini, ce qui est absurde et ne se peut pas. Et si le reste est de grandeur infinie, alors, si on lui ajoute ce qui a été pris du corps infini, il sera plus grand qu'il n'était auparavant qu'on ne lui ajoutât, ou il lui sera égal. Mais s'il est plus grand qu'il ne l'était, alors l'infini sera devenu plus grand que l'infini ; mais la plus petite de deux choses <homogènes> mesure la plus grande ou en mesure une part, donc le plus petit des deux corps infinis mesure le plus grand ou en mesure une part. S'il le mesure, indubitablement il en mesure une part, donc le plus petit des deux sera égal à une part du plus grand ; or deux choses égales sont celles dont les distances entre les limites de celles qui leur sont semblables sont une et la même ; elles ont donc des limites, puisque des corps égaux qui ne sont pas semblables sont ceux que mesure par un même nombre un même corps mais dont les limites diffèrent par la quantité ou la qualité ou les deux ensemble. Donc ils sont tous deux finis, donc l'infini le plus petit est fini, ce qui est absurde et ne se peut pas ; aucun des deux n'est donc plus grand que l'autre. Et si cet ensemble n'est pas plus grand que ce qu'il y avait avant qu'on ne lui ajoutât, alors on a ajouté un corps à un corps sans qu'il soit augmenté et l'ensemble de tout cela sera égal à lui seul ; mais lui tout seul est une partie de cet ensemble ; mais cet ensemble est égal aux deux parties réunies, donc la partie est égale au tout, ce qui est absurde et ne se peut pas. On a donc montré qu'il n'est pas possible qu'il existe un corps infini, et par ce procédé, on montre qu'aucune quantité ne peut être infinie en acte.

Or le temps est une quantité, il est donc impossible qu'il y ait un temps infini en acte et le temps a un commencement fini. Or les choses qui sont des accidents dans le fini sont finies aussi, nécessairement, et tout accident dans le corps : quantité, lieu, mouvement, temps – qui est ce qui est partagé par le mouvement –, et tout l'ensemble de ce qui est accident dans un corps en acte, est fini aussi puisque le corps est fini ; donc le corps de l'univers est fini et tout ce qui est accident en lui l'est aussi. Et puisqu'on peut ajouter continuellement par l'imagination au corps de l'univers, et sans cesse imaginer plus grand que lui, plus grand que celui-là, continuellement, et l'ajout sera donc à l'infini selon la potentialité, c'est donc en puissance qu'il est infini puisque la puissance n'est rien d'autre que la possibilité que la chose dont on dit qu'elle est en puissance existe. Donc tout ce qui est dans un fini en puissance est aussi, en puissance, infini, entre autres le mouvement et le temps. Ainsi donc ce qui est infini ne l'est qu'en puissance et, quant à être en acte, il est impossible qu'une chose soit infinie selon ce que nous avons dit plus haut.

Puisque cela est nécessaire, il est manifeste qu'il est impossible qu'il y ait un temps infini en acte. Or le temps est le temps du corps de l'univers, je veux dire qu'il est son extension. Donc si le temps est fini, l'existence du corps est finie, puisque le temps n'est pas un existant et qu'il n'y a pas de corps sans temps, puisque le temps n'est rien d'autre que le nombre du mouvement – je veux dire qu'il est une extension mesurée par le mouvement, et que, s'il y a mouvement, il y a temps, et s'il n'y a pas de mouvement, il n'y a pas de temps.

Or le mouvement n'est que le mouvement du corps, donc s'il y a un corps, il y a du mouvement, et s'il n'y avait pas de corps, il n'y aurait pas de mouvement. Or le mouvement est un certain changement. Le changement de lieu des parties du corps et de son centre, ou seulement de toutes ses parties, est le mouvement local ;

le changement du lieu auquel s'arrête le corps avec ses limites, soit qu'elles se rapprochent de son centre, soit qu'elles s'en éloignent, est la croissance et la diminution ; le changement de sa substance est la généralisation et la corruption. Or tout changement mesure le nombre de l'extension du corps, donc tout changement est le fait de ce qui a du temps. Donc s'il y a du mouvement, il y a un corps, nécessairement, et s'il y a un corps, il faut nécessairement qu'il y ait du mouvement ou qu'il n'y en ait pas.

Et alors, s'il y a un corps et qu'il n'y a pas de mouvement, ou bien il n'y a pas de mouvement du tout, ou bien il n'y en a pas mais il est possible qu'il y en ait. S'il n'y en a pas du tout, alors le mouvement n'existe pas tandis que, puisque le corps existe, le mouvement existe : ce qui est absurde et ne se peut pas ; il est donc impossible que, si un corps existe, il n'y ait pas de mouvement du tout. Et si, alors qu'un corps existe, il est possible que le mouvement existe, alors nécessairement le mouvement existe dans certains corps, parce que ce qui est possible à une chose existe dans certains des êtres qui ont la même substance que cette chose : ainsi l'art d'écrire existe par une potentialité chez Muḥammad sans y être en acte alors qu'il existe dans une part de la substance de l'homme, je veux dire chez un autre des humains. Donc le mouvement existe nécessairement dans certains corps, donc il existe dans le corps absolument parlant, donc il existe forcément dans le corps absolument parlant. Donc si le corps existe, le mouvement existe, or on a dit que le mouvement n'existait pas alors que le corps existe ; mais s'il en est ainsi il existe alors que le corps existe, sans exister alors que le corps existe : cela est impossible et absurde et ne se peut pas. Il est donc impossible qu'il y ait un corps et pas de mouvement, ainsi donc, quand il y a un corps, il y a forcément du mouvement.

On peut aussi croire qu'il est possible que le corps de l'univers ait été d'abord en repos et qu'il était possible qu'il se mût, et qu'ensuite il s'est mû. Mais cette opinion est erronée, nécessairement, car si le corps de l'univers était d'abord en repos puis s'est mû, alors de deux choses l'une : ou bien le corps de l'univers est un être venu du non-être, ou bien il est éternel. S'il est un être venu du non-être, alors son existenciation en un être à partir du non-être existe ; mais une existenciation est un mouvement, comme nous l'avons dit plus haut lorsque, décrivant le mouvement, nous avons dit que l'une des espèces du mouvement était la génération. Mais si le corps n'a pas précédé celle-ci, alors elle en était l'essence ; ainsi donc l'être du corps n'a nullement précédé le mouvement. Mais on avait dit qu'il était d'abord sans qu'il y eût de mouvement et que donc il était, lui, et il n'y avait pas de mouvement ; ce qui est absurde et ne se peut pas ; il est donc impossible, si le corps est un être venu du non-être, qu'il précède le mouvement. Et si le corps était éternellement en repos puis s'est mû parce qu'il était possible qu'il se mût, alors le corps de l'univers, qui est éternel, change du repos en acte au mouvement en acte ; or ce qui est éternel ne change pas, comme nous l'avons montré plus haut. Mais alors il change et ne change pas, ce qui est absurde et ne se peut pas. Il est donc impossible que le corps de l'univers ait été éternellement en repos puis ait changé en ce qui se meut en acte ; or le mouvement existe en lui, donc le corps de l'univers n'a nullement précédé le mouvement.

Ainsi donc, s'il y a un mouvement, il y a un corps nécessairement, et s'il y a un corps, il y a un mouvement nécessairement. Or, on l'a dit plus haut, le temps ne précède pas le mouvement ; donc le temps ne précède pas le corps, nécessairement, puisqu'il n'y a pas de temps sinon par un mouvement et qu'il n'y a pas de corps sans qu'il y ait de mouvement et pas de mouvement sans qu'il y ait un corps, ni de corps sans extension puisque l'extension est ce dans quoi un être est ce qu'il est, ni d'extension d'un corps sans mouvement puisque il y a une existence, je veux dire ce dans quoi le corps est toujours associé à un mouvement comme cela est maintenant manifeste. Donc l'extension du corps, qui en est toujours inséparable, est mesurée par le mouvement du corps, toujours inséparable de lui ; donc le corps ne précède jamais le temps, et donc le corps, le mouvement et le temps ne se précèdent jamais l'un l'autre.

Ainsi donc il est maintenant manifeste qu'il est impossible qu'existe un temps infini, puisqu'il est impossible qu'existe une quantité, ou ce qui a une quantité, infinis en acte. Donc tout temps a une limite en acte ; or le corps ne précède pas le temps, donc il est impossible que le corps de l'univers soit infini par son existence ; donc l'existence du corps de l'univers est nécessairement finie, donc il est impossible que le corps de l'univers soit éternel.

Al-Kindī

Al-Kindī, *Sur la philosophie première*, trad. Roshdi Rashed et Jean Jolivet, *Œuvres philosophiques et scientifiques d'al-Kindī*, t. II, Leyde, Brill, 1998, p. 28-34.

Galien sur l'éternité du monde

Dans les *Doutes sur Galien*, al-Rāzī entreprend de critiquer Galien là où il estime que celui-ci a erré. Il donne ainsi la démonstration éclatante de l'ineptie de l'idée selon laquelle les penseurs arabes n'auraient fait que recopier la science et la philosophie grecques. Il justifie dans l'introduction de l'ouvrage l'audace de sa démarche, avant de livrer son premier « doute » : l'affirmation par Galien, dans le traité *Sur la démonstration* (aujourd'hui perdu), de l'éternité du monde, alors-même qu'il déclare ailleurs que la question ne peut être tranchée. Les critiques d'al-Rāzī portent sur la démarche logique de Galien, qui fonde sa démonstration sur des prémisses inappropriées à l'objet. Avec sa doctrine des cinq éternels, al-Rāzī se rangera plus clairement encore que dans ce texte du côté de la thèse de la création du monde.

Muḥammad ibn Zakarīyā' al-Rāzī dit : je sais fort bien que beaucoup me taxeront d'ignorance pour avoir écrit ce livre, qu'ils me blâmeront et me jugeront avec sévérité, ou <qu'ils considéreront> qu'il est destiné à me donner le beau rôle, comme se donne le beau rôle celui qui entreprend, en saisissant ce moyen de se divertir, de critiquer un homme dont l'éminence, la connaissance et la préséance dans toutes les parties de la philosophie, et la place qu'il y occupe, sont telles que celles de Galien. Dieu sait que je ressens pourtant une résistance intérieure à le faire ! En effet, j'ai été éprouvé par le fait de m'opposer à celui qui, d'entre tous les hommes, m'a le plus couvert de bienfaits, m'a été le plus secourable, par qui j'ai été guidé, dont j'ai suivi les pas, et à la source duquel j'ai étanché ma soif, <en me confrontant à lui> d'une manière qui ne convient pas à un esclave vis-à-vis de son maître, ni à un étudiant vis-à-vis de son professeur, ni à un bénéficiaire vis-à-vis de son bienfaiteur.

Dieu m'en est témoin, je préférerais que les passages douteux que j'ai notés dans ce livre ne se trouvent pas dans les ouvrages de cet illustre homme de science, dont la compétence est immense, le statut éminent, le secours universel et la mémoire éternellement saluée. Mais l'art de la médecine et celui de la philosophie ne supportent pas que l'on se soumette <aveuglément> aux chefs, que l'on accepte <tout> d'eux, qu'on les traite avec une indulgence excessive ou que l'on renonce à examiner leurs dires. Le philosophe n'apprécie pas cela de la part de ses étudiants ni de ceux qui apprennent auprès de lui, comme l'a d'ailleurs également rappelé Galien dans son livre *Sur l'utilité des parties*, où il s'est élevé contre ceux qui imposent à leurs disciples et leurs partisans d'accepter leurs dires sans démonstration. Ce qui m'a le plus encouragé et aidé, c'est <de penser> que cet homme, s'il était vivant actuellement, ne me blâmerait pas pour avoir écrit ce livre, et que celui-ci ne lui serait pas un poids, parce qu'il préférait la vérité, qu'il aimait que l'on examinât les objets de recherche avec précision et que l'on parvienne à des conclusions à leur propos. Au contraire, il se serait empressé de l'étudier et de le considérer sérieusement et activement. Soit il aurait trouvé une solution à tous les passages douteux qui s'y trouvent et m'aurait loué pour m'être rendu cause que son discours, à ces endroits douteux, reçoive un surcroît d'explication et de protection contre les jugements négatifs portés contre leur contenu initial. Soit il aurait retiré ces <passages> et m'aurait loué plus encore pour avoir attiré son attention sur les moments d'inattention et de négligence qui sont le lot de l'espèce humaine. Soit il aurait trouvé une solution pour certains d'entre eux et en aurait retiré d'autres, conjuguant les deux actions en lui.

Quant à celui qui me blâme et me taxe d'ignorance pour avoir extrait ces passages douteux et pour avoir tenu sur eux un discours, je ne tiendrai pas compte de lui ni ne le considérerai comme un philosophe, car il a tourné le dos aux usages philosophiques pour adhérer à ceux de la populace, qui imite aveuglément les meneurs et renonce à s'opposer à eux. En effet, les usages des aspirants philosophes ont toujours impliqué d'exalter les meneurs, mais aussi de multiplier les exigences envers eux et de ne point les traiter avec une indulgence excessive. Ainsi, Aristote a dit : « La vérité et Platon sont en désaccord, et tous deux nous sont chers, mais la vérité nous est plus chère que Platon », quand il a combattu et critiqué ses thèses les plus éminentes. À son tour, Théophraste critique Aristote à propos de la partie la plus claire de la philosophie après la géométrie, c'est-à-dire la logique. Thémistius lui aussi montre les erreurs que fit <Aristote> dans de nombreux passages, au point qu'il en demeure ébahi et dit : « Je ne sais comment cette notion a échappé au Sage, alors qu'elle ne pourrait être plus évidente. »

En ce qui concerne Galien, je n'ai nul besoin de rappeler les nombreuses occasions auxquelles il a répondu à la fois aux Anciens et aux hommes de son temps les plus éminents, ni la persévérance et la vigueur qu'il y apporta, ou la longueur <des développements> qu'il y consacra, car elles sont plus nombreuses que je n'en peux compter, et ses livres montrent assez clairement au lecteur leur immense importance. Je ne crois pas qu'aucun philosophe ou médecin ne s'en tire indemne. Or la plus grande partie de ce qu'il dit contre eux est vraie ; et même, si l'on veut, on peut dire que tout est vrai. Cela indique l'étendue de sa science, l'acuité naturelle de son intelligence et le nombre de choses qu'il est parvenu à comprendre.

Si on me demandait la raison qui pousse les modernes à apporter de telles corrections aux dires des Anciens les plus illustres, je dirais qu'il existe plusieurs causes. L'une d'elles réside dans l'inattention et la négligence qui sont le lot de l'espèce humaine. Une autre réside dans le fait qu'il arrive que la passion l'emporte sur le jugement chez un homme sur un sujet donné, au point qu'il commette des erreurs, dont il peut avoir connaissance ou pas. De sorte que, lorsqu'un homme sagace et sans passion examine ce discours, il ne lui échappe pas ce qui a échappé au premier, et la passion ne le pousse pas dans <les erreurs> où elle a poussé le premier. Parmi ces causes, on trouve aussi le fait que, avec le temps, les arts ne cessent de progresser et de s'approcher de la perfection. C'est pourquoi ce qu'un Ancien a mis longtemps à découvrir se transmet très rapidement à un homme qui vient après, si bien que celui-ci devient capable de l'évaluer et d'en faire un moyen de parvenir à d'autres conclusions. Dans ce domaine, il y a une analogie entre les Anciens et ceux qui ont acquis <des biens> grâce à leurs efforts, d'une part, et entre ceux qui leur succèdent et les héritiers, à qui le fait même d'hériter rend plus aisée l'acquisition de nouveaux biens, d'autre part.

Maintenant, si l'on me disait que cette théorie signifie que les scientifiques modernes sont supérieurs en ce qui concerne leur science aux Anciens, je répondrais que je ne pense pas pouvoir émettre ce jugement avant d'avoir posé comme condition, parmi les caractéristiques du scientifique moderne, qu'il maîtrise parfaitement ce que l'Ancien a produit.

Abordons maintenant l'objectif que nous nous étions fixé, en commençant par le livre *Sur la démonstration*, car, à mes yeux, c'est là l'ouvrage le plus précieux et le plus utile après les textes révélés. Je ne parlerai pas seulement de ce qui est faux dans ce livre, mais aussi des instances où <Galien> se départ des <procédures> habituelles et de la méthode qu'il suit fidèlement la plupart du temps. En effet, dans ces cas-là, même si les jugements présentés sont vrais, cependant il ne parvient pas à les prouver, ou alors il les pose sans donner ses références, ou il se jette dans l'approche traditionnelle et ne modifie pas son jugement à propos d'eux, ou il se contredit lui-même.

Galien avait nié, mais ensuite affirmé dans la quatrième partie de *Sur la démonstration*, que le monde ne se corrompt pas, en disant : « Si le monde se corrompait, les corps <célestes> qu'il contient ne demeureraient pas dans un seul et même état, ni les distances entre eux, ni leurs tailles <respectives>, ni les mouvements. Il faudrait aussi que disparaisse l'eau des océans qui nous a précédés. Or aucune de ces choses ne se départ de son état et ne change, comme l'ont observé les astronomes depuis des milliers d'années. Il s'ensuit donc que le monde ne vieillit pas et, par conséquent, qu'il n'est pas sujet à la corruption. »

Je note tout d'abord que <Galien> contredit ce qu'il a dit dans son livre *Sur mes propres opinions*, et ce qu'il a dit dans son livre *L'Art médical*, où il entendait démontrer qu'il est impossible de savoir si le monde est éternel ou créé. Or il affirme dans la quatrième partie du livre *Sur la démonstration* – et il tient le même discours en d'autres endroits – que ce qui ne se corrompt pas n'a pas non plus été engendré. Il est bien connu de celui qui a lu l'ensemble des livres de Galien que le livre *Sur mes propres opinions* a été composé seulement après que <Galien> a consolidé ses positions et que ses opinions ont été fermement établies, et qu'il s'agit du dernier de ses livres et de ses écrits. Donc si ce qu'il dit dans *Sur la démonstration* est véridique, il n'y a aucune raison pour qu'il cesse de tenir le discours soutenant l'éternité du monde, puisque la conclusion de ces deux prémisses, je veux dire <la prémisse> selon laquelle « le monde ne se corrompt pas » et la prémisse selon laquelle « ce qui ne se corrompt pas n'a pas été engendré », est la suivante : « le monde n'a pas été engendré ». Dès lors, il contredit son propre discours, selon lequel il n'est pas possible de savoir si le monde est éternel ou créé.

Ensuite, je note qu'il va à l'encontre de l'instruction qu'il n'a de cesse de nous donner, à savoir de prendre garde de choisir et d'acquérir des prémisses tirées des positions dérivant nécessairement de l'objet considéré. Que les astres les plus grands ainsi que la terre, la taille des océans et l'ensemble des parties du monde conservent leurs dispositions n'entraîne pas nécessairement qu'on doive refuser que le monde se corrompe. En effet, toute corruption ne s'opère pas par la voie de la décrépitude et de la dégradation, mais il se peut aussi qu'une chose se corrompe alors qu'elle est la plus complète et la plus parfaite qu'elle puisse être, comme la maison construite sur des fondations, et à laquelle on ôterait ces fondations, ou comme l'arbre qu'on déracine, ou comme le feu qu'on éteint, et autres choses semblables. Il ne devait donc pas établir fermement cette conclusion grâce aux prémisses grâce auxquelles il l'a établie, sans expliquer que le monde fait partie des choses qui se corrompent seulement par dégradation. Non seulement n'a-t-il pas du tout fait attention à cela, mais en plus, il a fait suivre cette prémisse, à savoir « si le monde se corrompait », de la conséquence suivante, « alors les corps <célestes> ne demeureraient pas dans un seul et même état », comme s'il n'était pas possible que rien ne se corrompe sinon de cette manière. Cette conséquence suivrait nécessairement de cette prémisse si on lui ajoutait d'autres conditions, de sorte qu'elle puisse être énoncée ainsi : « si le monde se corrompait en se dégradant, les corps <célestes> ne demeureraient pas dans un seul et même état », ou de sorte qu'on lui ajoute une prémisse destinée à expliquer qu'une chose quelconque ne saurait jamais être corrompue sinon par voie de dégradation. Cela, cependant, n'est pas possible. En effet, les choses ne perdent pas leur forme respective par voie de désintégration seulement, mais aussi de telle manière que les formes qui se trouvent dans les substances qui se désintègrent et se dissipent très lentement ne se corrompent presque pas, sauf par un anéantissement prenant place alors qu'elles sont les plus parfaites et les plus complètes qu'elles puissent être. C'est le cas par exemple d'un vase en verre, s'il lui arrive d'être écrasé par un roc, ou d'une forteresse érigée, s'il arrive que le sol sous elle se dérobe soudainement. De même, le monde peut être corrompu à cause de cette espèce d'altération et de corruption, même si sa forme est conservée dans son état initial jusqu'au moment de sa corruption. C'est de cette manière, si l'on en croit les religieux qui soutiennent que le monde se corrompt, qu'il se corrompt, c'est-à-dire par anéantissement <soudain>, et non par dégradation. […]

Pour résumer, la doctrine selon laquelle le monde ne se corrompt pas n'est pas vérifiée, ni par aucune des prémisses qui sont utilisées dans ce passage du livre, et alors que ces prémisses ne sont pas même des principes premiers, malgré le fait qu'il exige qu'elles le soient et qu'il les utilise comme si elles étaient des principes premiers, ni sans que soit vérifiée la doctrine selon laquelle le monde est infini ou qu'il n'y a rien en dehors de lui. Il faut savoir que l'on peut dire la même chose à propos des substances qui ne sont pas dans des corps. Si le monde est fini, ou s'il se trouve quelque chose en dehors de lui, alors la conclusion selon laquelle il ne se corrompt pas n'est pas correcte, sauf à vérifier la doctrine selon laquelle ce quelque chose n'est pas capable de le corrompre et qu'absolument aucune partie de sa substance n'est susceptible d'altération ou de désintégration.

Al-Rāzī

Al-Rāzī, *Doutes sur Galien*, éd. Muṣṭafā L. ʻAbd al-Ġanī, Le Caire, National Library Press, 2005, p. 39-49. La traduction est nôtre.

Une des preuves de la création du monde

Dans le *Livre des croyances et des opinions*, le philosophe et théologien Saadia Gaon énumère les racines du savoir dans l'ordre suivant : la perception sensorielle, la raison, l'inférence et la tradition vérifiée par les sens et la raison. Ces quatre principes permettent selon lui d'élaborer une approche spéculative des vérités religieuses, comme il le montre avec les quatre preuves qu'il donne de la création du monde. La première de ces preuves est fondée sur la finitude de la terre et du ciel.

Après m'être clairement exprimé dans cette introduction, je dis que notre Dieu – qu'Il soit exalté – nous a fait connaître que toutes les choses furent créées et qu'Il les a créées à partir de rien, comme le dit la Genèse (1,1) : « Au commencement Dieu créa la terre et le ciel », et comme le dit également le livre d'Isaïe (44,24) : « Je suis le Dieu, qui crée toutes les choses ; qui étend les cieux, qui étend la terre. » Ceci a été en outre confirmé auprès de nous par les prodiges et les miracles, et nous l'avons donc accepté. Je me suis ensuite demandé si cette idée était vérifiée par la réflexion comme elle l'était par la prophétie, et j'ai jugé qu'elle l'était de multiples manières. Parmi celles-ci, je vais extraire des preuves, la première étant celle de la finitude.

C'est-à-dire : il est certain que le ciel et la terre sont tous deux finis, car la terre est au centre et que le ciel tourne autour d'elle. Il s'ensuit nécessairement que leurs forces respectives sont finies, car il est impossible qu'une force infinie réside dans un corps fini, car tout ce qui est connu réfute <une telle possibilité>. Or si la force qui les maintient l'un et l'autre est finie, il s'ensuit nécessairement qu'ils doivent avoir un début et une fin. Après que cette preuve m'est apparue, j'ai vérifié qu'elle était adéquate, sans me hâter de parvenir à une formulation finale, jusqu'à l'avoir rendue adéquate, en me demandant : « Peut-être que la terre est infinie en longueur, largeur et profondeur ? » Mais j'ai répondu : « S'il en était ainsi, le soleil ne pourrait en faire le tour de manière à accomplir sa rotation en un jour et une nuit, en se levant chaque fois au même endroit, et en se couchant chaque fois au même endroit. Et il en va ainsi pour la lune et l'ensemble des astres ». Puis j'ai dit : « Peut-être est-ce le ciel qui est infini ? » Mais j'ai répondu : « Comment en serait-il ainsi, puisque qu'il se meut et tourne toujours autour de la terre dans son ensemble ? » En effet, je ne saurais admettre que la section la plus proche de nous soit la seule à tourner et que le reste soit trop étendu pour tourner, car lorsque nous concevons le ciel, nous entendons cette chose qui accomplit cette rotation, et nous ne concevons pas qu'il y ait par-devers elle aucune autre chose ni, à plus forte raison, nous ne considérons que cette <autre> chose forme un ciel ou ne prétendons qu'elle demeure immobile. Puis j'ai approfondi mon examen et j'ai demandé : « Peut-être y a-t-il de multiples terres et de multiples cieux, chaque ciel faisant le tour de sa terre respective ? Il y aurait alors des mondes en nombre infini ». Mais j'ai vu que cela était naturellement rédhibitoire, car il est naturellement impossible que l'élément terreux se trouve au-dessus du feu, ou que l'air se trouve en dessous de l'eau. En effet, le feu et l'air sont légers, alors que l’élément terreux et l’eau sont lourds. En tout état de cause, je savais que s’il devait exister une motte de terre en dehors de cette terre, elle aurait fendu tout l’air et tout le feu afin de rejoindre l’élément terreux de cette terre. De même, s’il devait exister une masse d’eau à distance de ces mers-ci, elle aurait coupé l’air et le feu afin d’accéder à ces eaux. Donc, je suis arrivé à la conclusion inébranlable qu’il n’y a pas de ciel en dehors de ce ciel-ci ni de terre en dehors de cette terre-ci, et que ce ciel était fini et cette terre finie. Or si leurs corps sont limités, leur force respective doit aussi être limitée et doit, lorsque cette limite est atteinte, s’arrêter. Il n’est pas possible qu’ils demeurent après l’extinction de cette force, ni qu’ils se mettent à exister avant qu’elle apparaisse.

<D’ailleurs>, j’ai vu que le Livre attestait leur finitude. Il dit : « D’un bout à l’autre de la terre » (Deutéronome 13,8), ou encore : « et d’un bout à l’autre du ciel » (Deutéronome 4,32). Il atteste également que le soleil tourne autour de la terre et répète <ce mouvement> tous les jours, en déclarant : « Le soleil aussi se lève, et il se couche, et il revient à la place d’où il se lève » (Ecclésiaste 1,5).

Saadia Gaon

Saadia Gaon, *Livre des croyances et des opinions*, éd. Rosenblatt, in Saadia Gaon, *The Book of Beliefs and Opinions*, New Haven, Yale University Press, 1948, p. 32-34. La traduction est nôtre.

Les théologiens ne parviennent pas à réfuter l'éternité du monde

Maïmonide s'attaque ici à la preuve de l'existence de Dieu fondée sur l'hypothèse de la création du monde défendue par les théologiens. Alain de Libera qualifie la démarche de Maïmonide dans ce texte de « poppérienne » : il montre d'abord que les théologiens visés ne sont pas parvenus à démontrer la création du monde, ce qui rend leur preuve caduque, et déclare ensuite qu'aucun théologien n'est de toute façon parvenu à falsifier l'hypothèse de l'éternité du monde[1]. Maïmonide s'oppose aussi à la démarche de Saadia Gaon (voir texte précédent), dans laquelle il dénonce une dialectique venue du *kalām*.

Quand j'ai donc examiné cette méthode [celle des théologiens du *kalām*], mon âme a éprouvé une très grande répugnance, et elle mérite en effet d'être repoussée ; car tout ce qu'on prétend être une preuve de la nouveauté du monde est sujet aux doutes, et ce ne sont là des preuves décisives que pour celui qui ne sait point distinguer entre la démonstration, la dialectique et la sophistique. Mais pour celui qui connaît ces différents arts, il est clair et évident que toutes ces démonstrations sont douteuses et qu'on y a employé des prémisses qui ne sont pas démontrées.

Le terme jusqu'où pourrait aller, selon moi, le théologien qui cherche la vérité, ce serait de montrer la nullité

1. Averroès, *L'Islam et la Raison*, *op. cit.*, p. 19.

des démonstrations alléguées par les philosophes pour l'éternité du monde ; et combien ce serait magnifique si l'on y réussissait ! En effet, tout penseur pénétrant qui cherche la vérité et ne s'abuse pas lui-même sait bien que cette question, je veux dire celle de savoir si le monde est éternel ou créé, ne saurait être résolue par une démonstration décisive, et que c'est un point où l'intelligence s'arrête [...]. Selon moi, au contraire, la manière véritable, c'est-à-dire la méthode démonstrative dans laquelle il n'y a point de doute, consiste à établir l'existence de Dieu, son unité et son incorporalité, par les procédés des philosophes, lesquels procédés sont basés sur l'éternité du monde. Ce n'est pas que je croie à l'éternité du monde, ou que je leur fasse une concession à cet égard ; mais c'est que, par cette méthode, la démonstration devient sûre, et on obtient une parfaite certitude sur ces trois choses, savoir que Dieu existe, qu'il est un et qu'il est incorporel, sans qu'il importe de rien décider à l'égard du monde, <savoir> s'il est éternel ou créé. [...]

Quant à ma méthode, elle est telle que je vais te la décrire sommairement. Le monde, dis-je, est nécessairement éternel ou créé. Or s'il est créé, il a indubitablement un créateur, car c'est une notion première que ce qui est né ne s'est pas fait naître lui-même, mais ce qui l'a fait naître est autre chose que lui ; donc <dit-on>, ce qui a fait naître le monde, c'est Dieu. Si <au contraire> le monde est éternel, il s'ensuit nécessairement, en vertu de telle ou telle preuve, qu'il existe un être, autre que tous les corps de l'univers, qu'il n'est ni un corps ni une faculté dans un corps, qu'il est un, permanent, éternel, qu'il n'a pas de cause et qu'il est immuable ; cet être est Dieu. Il est donc clair que les preuves de l'existence de Dieu, de son unité et de son incorporalité, il faut les obtenir uniquement par l'hypothèse de l'éternité du monde, et ce n'est qu'ainsi que la démonstration sera parfaite, n'importe que <réellement> le monde soit éternel ou qu'il soit créé.

Maïmonide

Maïmonide, *Guide des égarés*, I, 71, trad. Salomon Munk, 1856, réimp. Paris, Verdier, 1979, p. 177-179.

3

La causalité existe-t-elle ?

Parmi les questions longuement débattues entre philosophes et théologiens, on peut souligner celle de la causalité. Le problème consiste à savoir si l'on peut accorder aux étants, et notamment à l'homme, un certain pouvoir causal ou si tout ce pouvoir causal est concentré entre les mains de Dieu. On constate que la réponse des théologiens suit une évolution historique. Pour al-Ash'arī (mort en 936), les hommes possèdent le pouvoir d'exercer certaines actions, non seulement sur eux-mêmes mais aussi sur les choses extérieures, car ils savent qu'ils agissent et ils connaissent les conséquences de leurs actions. En effet, quand une personne en bat une autre, elle sait qu'elle la bat et connaît les effets de son action[1]. D'autres théologiens soutiennent au contraire que les hommes ne peuvent agir que sur eux-mêmes, mais que c'est Dieu qui produit les effets sur les autres choses. Cette dernière théorie ouvre la voie à l'occasionnalisme, c'est-à-dire à l'idée que Dieu,

1. Al-Ash'arī, *Die dogmatischen Lehren der Anhänger des Islam*, éd. Helmutt Ritter, Wiesbaden, Franz Steiner, 1980, p. 401-402, cité par John McGinnis, « Arabic and islamic natural philosophy and science », Stanford Encyclopaedia of Philosophy, 2006, <plato.stanford.edu/entries/Arabic-islamic-natural>.

à tout moment, recrée le monde et occasionne les actions et leurs effets dans le monde[1]. Le pas est franchi par al-Ghazālī dans *L'Incohérence des philosophes*. Averroès ne s'est pas trompé sur le péril que faisait courir la théorie occasionnaliste non seulement à la liberté humaine, mais aussi à la possibilité même de tout savoir, comme l'explique Peter Adamson dans un article consacré à la réponse d'Averroès à al-Ghazālī[2]. En effet, selon la définition aristotélicienne, connaître une chose, c'est connaître les causes de cette chose, de ses actions comme de ses réactions. Que puis-je connaître du feu si je ne peux plus dire qu'il est cause de la combustion du coton, et du coton si je ne peux plus dire qu'il est brûlé par le feu ? Comme le souligne Peter Adamson, al-Ghazālī maintient la causalité dans les étants, mais seulement à titre de cause seconde, c'est-à-dire d'instruments grâce auxquels Dieu exerce son action. Cela ne suffit pas à Averroès, qui entreprend de rétablir la connexion causale entre les choses.

1. John McGinnis, « Arabic and islamic natural philosophy and science », *op. cit.*

2. Peter Adamson, « Al-Ghāzālī, causality and knowledge », *op. cit.*

Il n'y a nulle connexion nécessaire entre la cause et l'effet

Dans la partie de *L'Incohérence des philosophes* consacrée aux sciences naturelles, al-Ghazālī s'oppose à la conception de la causalité voulant que les choses soient dotées de pouvoirs qui rendent la relation entre la cause et l'effet nécessaire : le feu a le pouvoir de brûler le coton. Au contraire, il défend une théorie occasionnaliste, selon laquelle les causes sont autant d'occasions que saisit Dieu de provoquer l'effet : le feu, par lui-même, ne brûle pas le coton, la connexion dépend de Dieu. Cette théorie a l'avantage de préserver la possibilité des miracles. Cependant, al-Ghazālī concédera plus loin aux philosophes la possibilité que le feu soit la cause seconde de la combustion.

Il n'y a, selon nous, nulle connexion nécessaire entre ce que l'on tient d'habitude pour la cause et ce que l'on croit être l'effet. Des deux choses, aucune n'est l'autre et réciproquement. Affirmer ou nier l'une n'entraîne pas qu'on affirme ou qu'on nie l'autre. Poser l'existence de l'une n'entraîne pas la non-existence de l'autre. Se désaltérer et avoir soif ; être rassasié et manger ; brûler et être en contact avec le feu ne s'impliquent pas mutuellement. Nulle connexion nécessaire entre la lumière et le lever du soleil, la décapitation et la mort, la santé et le remède, l'évacuation et le purgatif ; aucune nécessité ne régit les connexions que l'on peut observer en médecine ou en astronomie, dans les arts ou dans les métiers. En effet, la connexion entre ces phénomènes émane du pouvoir préétabli par Dieu. Il les crée successivement, non en vertu de quelque lien de nature entre eux, mais en vertu de son pouvoir de créer l'un sans l'autre : le rassasiement et l'alimentation, la cessation de la vie et la décapitation, ou la décapitation et le maintien en vie, et ainsi de suite. Or les philosophes dénient cette possibilité. Ou plutôt ils soutiennent que ce sont choses impossibles.

En raison de leur très grand nombre, l'examen de ces questions serait trop long. Contentons-nous de cet exemple : la combustion du coton au contact du feu. Selon nous, ce contact peut avoir lieu sans combustion. Le coton peut être réduit en cendres sans toucher le feu. C'est ce que les philosophes rejettent. Pour en discuter, faisons les trois observations suivantes. Pour la première, d'après notre contradicteur, l'agent de la combustion est le feu et lui seul. Mais le feu est un agent naturel. Il ne peut arrêter une action en cours déclenchée en vertu de sa nature. Car Dieu est, selon nous, l'agent qui crée la noirceur du coton et la désintégration de ses parties. Lui seul, par ses anges ou directement, a fait du coton une chose consumée, un amas de cendres. Car le feu est un corps inerte, incapable d'agir. Eût-il eu cette capacité, qu'est-ce qui le prouverait ? Les philosophes allèguent le fait de la combustion au contact du feu. Il en résulte seulement que la combustion a lieu après le feu, mais non par le feu. Il n'y a donc pas d'autre agent que Dieu lui-même. Certes, qui met en doute que l'union de l'âme et des facultés perceptives et motrices, dans la liqueur séminale des animaux, ne résulte pas seulement de la nature du chaud, du froid, de l'humide et du sec ; que le père, qui a déposé le sperme dans l'utérus, n'est pas l'agent du fœtus ; ni l'agent de sa vie, de sa vue, de son ouïe ou des idées qui sont en lui ? Or ces choses existent, comme nous le savons, avec lui, non par lui. Leur existence est due à Dieu, soit directement, soit par les anges affectés à cette tâche, comme en conviennent tous les philosophes qui admettent l'existence d'un Agent : ce sont eux nos interlocuteurs.

Il ressort de ce qui précède qu'être auprès de quelque chose ne signifie nullement être par elle. Soit un aveugle de naissance. Une membrane voile son regard. Il ignore la différence entre le jour et la nuit. Mais débarrassé de cette membrane pendant le jour, et découvrant les couleurs, il rapporte sa perception des formes visibles à la jouissance de la vue. Il percevra les choses de cette manière, et de cette manière seulement, tout le temps que ses yeux resteront sains, sans voile, l'objet coloré face à lui. Mais que le soleil vienne à se coucher, que la nuit dérobe ces choses à sa vue, et voilà que, à ses yeux, la lumière devient la cause de l'empreinte des couleurs.

Quelle autre raison invoquer en faveur de l'existence des causes dont la concomitance produit les phénomènes, sinon qu'il s'agit de corps qui ne disparaissent pas, qui ne sont pas en mouvement et ne peuvent pas eux-mêmes échapper à la vue ? S'ils pouvaient disparaître ou se soustraire au regard, il y aurait discontinuité et on induirait l'existence d'une cause derrière les effets observables ; conclusions que nos contradicteurs ne peuvent pas ne pas admettre, conformément à leurs propres prémisses. Aussi les vrais philosophes admettent-ils que les accidents et les événements qui résultent de la rencontre entre les corps, ou plus généralement de la modification des positions respectives des corps, émanent du donateur des formes, c'est-à-dire d'un ou de plusieurs anges. C'est par leur action, prétendent-ils, que la forme des couleurs s'imprime dans l'œil. Le lever du soleil, un cristallin sain ou l'existence d'un corps coloré sont seulement des facteurs et des dispositions favorables à l'accueil de la forme dans ce substrat. Généralisée à tous les phénomènes, cette conception réfuterait la thèse d'après laquelle le feu serait l'agent de la combustion, le pain celui du rassasiement, le remède celui de la santé, et ainsi de suite pour toutes les autres causes.

Al-Ghazālī

Al-Ghazālī, *L'Incohérence des philosophes*, « Questions de physique », question XVII, , éd. M. Bouygues, Bibliotheca arabica scholastiscorum, Paris, Maisonneuve-Larose, t. II, 1927 p. 277-281 ; trad. M.-A. Sinaceur, « Al-Ghazālī et l'ironie de Malebranche sur Averroès », *Arabica*, t. XXXIV, n° 3, novembre 1987, p. 287-289.

Sans la causalité, aucun savoir ne serait possible

Averroès répond à al-Ghazālī (voir texte précédent) dans *L'Incohérence de l'incohérence*. Au sujet de la causalité, il montre que refuser d'admettre une connexion nécessaire entre la cause et l'effet revient à refuser qu'aucun savoir soit possible[1]. En effet, si les choses ne possèdent pas de pouvoir d'agir et de pâtir spécifique, elles ne possèdent pas non plus de nature spécifique, ni de nom, ni de définition.

Je dis : refuser l'existence des causes efficientes observées dans les choses sensibles est un discours sophistique. Celui qui le tient soit nie avec sa langue ce qui est présent dans son âme, soit est égaré par un sophisme fallacieux auquel il a été exposé à ce sujet. En effet, qui refuse cela n'est plus en mesure de reconnaître que toute action doit venir d'une cause efficiente. Quant à savoir si ces causes sont suffisantes en elles-mêmes pour produire les actions qui émanent d'elles ou si les actions sont accomplies <aussi> grâce à une cause extérieure, séparée ou non séparée, c'est une question qui n'est pas évidente par elle-même et qui doit subir une recherche et un examen approfondis.

S'ils[2] ont construit ce sophisme portant sur les causes efficientes, dont on perçoit que certaines sont les causes d'autres, en se fondant sur ceux des effets dont on ne

1. Voir Peter Adamson, « Al-Ghazālī, causality and knowledge », *op. cit.*

2. Averroès vise les théologiens partisans d'al-Ghazālī.

perçoit pas la cause, alors <cet argument> n'est pas correct. En effet, les choses dont les causes ne sont pas perçues sont inconnues et examinées justement parce que leurs causes ne sont pas perçues. Si les choses dont on ne perçoit pas les causes sont par nature inconnues et examinées, alors, nécessairement, ce qui n'est pas inconnu a des causes perçues. Cela [la négation des causes efficientes] est le fait de qui ne distingue pas entre ce qui est connu par lui-même et ce qui est inconnu, et tout ce qu'a dit al-Ghazālī dans ce chapitre relève du sophisme fallacieux.

De plus, que disent-ils des causes essentielles, de la compréhension desquelles dépend la compréhension de l'étant ? Il est de soi-même évident que les choses ont des essences et des attributs qui déterminent les actes spécifiques à chaque étant, et grâce auxquels les essences des choses, leurs noms et leurs définitions sont distincts. Si chaque étant ne possédait pas d'activité spécifique, il n'aurait pas non plus de nature spécifique, et s'il n'avait pas de nature spécifique, il n'aurait pas de nom spécifique ni de définition. Toutes les choses n'en formeraient qu'une seule – et en réalité pas même une seule, car on demanderait à propos de cette chose unique si elle a une activité ou une passivité spécifique, ou si elle n'en a pas. Si elle a une activité spécifique, et puisque les activités spécifiques émanent de natures spécifiques, <elle aura une nature spécifique>. Si elle n'a pas une seule activité spécifique, alors l'un ne serait pas un <et identique>. Or si la nature de l'un disparaît, alors la nature de l'étant disparaît aussi. Et la disparition de la nature de l'étant implique le néant.

Quant à savoir si les activités émanant de chaque étant sont nécessairement effectuées car elles font partie des propriétés de cet étant, ou si elles sont effectuées la plupart du temps ou si, <parmi ces activités>, on rencontre les deux cas de figure, cette question mérite d'être examinée. Toute action ou passivité entre deux étants a lieu en vertu d'une relation quelconque parmi un nombre infini de relations. Il arrive qu'une relation soit la conséquence d'une autre relation. C'est pourquoi il n'est pas absolument certain que le feu, s'il approche d'un corps sensible, exercera forcément une action, car il n'est pas exclu qu'un étant se trouve en relation avec le corps sensible et qu'il fasse obstacle à la relation efficiente avec le feu, comme on le dit du talc notamment. Cela ne signifie pas qu'il faut nier au feu la propriété de brûler, tant qu'il conserve le nom et la définition du feu.

Tout les étants créés ont quatre causes – la cause efficiente, la cause matérielle, la cause formelle et la cause finale –, cela est bien connu en soi. Il est bien connu aussi que leur présence est nécessaire à l'existence des effets, surtout celles qui forment une partie de l'effet, je veux dire celle que les uns[1] [*qawm*] nomment « matière » et les autres [*qawm*] « condition » et « substrat », et celle que les uns nomment « forme », les autres « qualité spirituelle ». Les théologiens reconnaissent que ce sont les conditions nécessaires à la réalisation du conditionné. Par exemple, ils disent que la vie est la condition du savoir. De même, ils reconnaissent que les choses ont des natures réelles et des définitions, et que celles-ci sont nécessaires à l'existence de l'étant. En ce domaine, ils jugent le présent et l'absent selon un unique modèle. Ils font aussi de même à propos des concomitants inhérents à l'essence de la chose qu'ils appellent « indications ». Par exemple, ils disent que la perfection dans un étant indique que la cause efficiente <de cet étant> est

1. « Les uns… les autres » désignent les philosophes et les théologiens.

intelligente et que le fait que l'existence d'un étant obéisse à une finalité indique que la cause efficiente <de cet étant> possède le savoir de cela.

L'intellect n'est rien d'autre que l'appréhension[1] des étants selon leurs causes, et grâce à celle-ci, il se distingue de toutes les autres facultés de l'appréhension. C'est pourquoi qui supprime les causes supprime l'intellect. La science de la logique pose fermement qu'il existe des causes et des effets, et que la connaissance de ces effets est achevée seulement grâce à la connaissance de leurs causes. Donc supprimer ces causes revient à rendre le savoir nul et non avenu et à le supprimer, ce qui implique qu'il n'y a en ce monde absolument aucune chose véritablement connue, mais que tout est au contraire objet d'opinion, qu'il n'y a absolument aucune démonstration ou définition et que les types d'attributs essentiels qui composent les démonstrations disparaissent. Finalement, celui qui pose que n'existe aucune connaissance nécessaire est forcé <d'admettre> que ce discours lui-même n'est pas nécessaire.

Averroès

Averroès, *L'Incohérence de l'incohérence*,
« Sur les sciences naturelles »,
éd. M. Bouygues, Bibliotheca arabica scholastiscorum, t. III,
Beyrouth, 1930, p. 519-522. La traduction est nôtre.

1. Nous lisons *idrāk* au lieu de *idrākihi*.

IV

ÉTHIQUE

L'éthique désigne, dans la philosophie arabe comme en général, l'ensemble des principes pratiques et des règles normatives destinés à enraciner la vertu dans l'âme humaine. Conformément à l'idéal grec, les premiers philosophes arabes, notamment al-Kindī et al-Rāzī, font de l'obtention du bonheur le but de l'éthique. Tel restera son objectif à travers la tradition arabe des traités de morale. Composés sur le modèle du *Manuel* d'Épictète, ils sont destinés à pallier l'obscurité des ouvrages d'éthique théoriques, comme par exemple l'*Éthique à Nicomaque* d'Aristote, pour les lecteurs qui ne seraient pas philosophes. Ils visent à « corriger les mœurs » (*iṣlāḥ al-aḫlāq*) de leurs destinataires, et à les exhorter à pratiquer la philosophie, afin de leur ouvrir la voie qui mène au bonheur.

Dans son *Manuel*, le philosophe stoïcien Épictète s'adresse directement et de manière claire à son destinataire pour lui dresser la liste des règles que celui-ci se doit de suivre s'il veut atteindre la liberté et le bonheur. Ces règles découlent d'une injonction première, qui exige de faire le partage entre ce qui dépend de nous et ce qui ne dépend pas de nous. Il ne sert à rien de chercher à fuir ce qui ne dépend pas de nous, comme la maladie, la mort ou la misère, ni, en règle générale, de tenir ce qui ne dépend pas de nous pour ce qui dépend de nous :

> Rappelle-toi : tu es un acteur dans un drame, un drame tel que le veut l'auteur : court, s'il le veut court ; long, s'il le veut long ; s'il veut que tu joues un mendiant, c'est pour que, celui-là aussi, tu le joues avec talent, de même s'il s'agit d'un boiteux, d'un magistrat, d'un simple particulier. Ce qui te revient en effet, c'est de bien jouer le rôle qui t'a été donné ; mais le choisir, c'est l'affaire d'un autre[1].

L'absence de tristesse devient ainsi, sous la plume d'Épictète, un véritable exercice philosophique.

Tel est aussi le cas dans l'une des premières œuvres inaugurant la tradition arabe des traités de morale et la principale œuvre éthique d'al-Kindī, l'*Épître sur l'art de chasser les tristesses*. Dans cette épître, al-Kindī livre à son destinataire un certain nombre de « ruses » (*ḥīla*) destinées à apaiser la douleur, en se remémorant par exemple les causes d'affliction dont nous sommes parvenus à nous consoler par le passé. Comme Épictète, al-Kindī nous enjoint à considérer nos biens en ce monde comme des prêts que nous rendons plutôt que nous perdons. Au-delà de la poursuite du bonheur, la plupart des traités de morale invitent l'âme à rejoindre sa véritable patrie, comme dans l'allégorie du navire élaborée par al-Kindī (p. 192-197). La perspective éthique est ainsi sous-tendue par une doctrine métaphysique selon laquelle l'âme doit se libérer du corps.

L'idée est manifeste dans *La Médecine spirituelle* d'al-Rāzī, qu'il est éclairant de lire en gardant en tête sa théorie des cinq principes : l'Âme a désiré s'associer à

1. Épictète, *Manuel*, trad. Emmanuel Cattin, Paris, Flammarion, « GF », 1997, p. 70.

la Matière, mais elle doit s'exercer à retrouver son véritable lieu. *La Médecine spirituelle*, mais aussi l'*Épître sur l'art de chasser les tristesses* sont ainsi des œuvres destinées à être lues à plusieurs niveaux[1]. À un premier niveau, les auteurs s'adressent aux lecteurs non philosophes afin de leur présenter une économie des plaisirs et des peines qui les dirigent vers le bonheur mieux que ne le ferait un raisonnement philosophique. Mais à un second niveau, ils sont traversés par l'idée que le but de l'éthique réside dans la libération de l'âme d'avec le corps et le monde matériel dans lequel elle se trouve contre sa nature.

1. Voir l'introduction de Rémi Brague in al-Rāzī, *La Médecine spirituelle*, *op. cit.*

1

Comment la vertu peut-elle mener au bonheur ?

L'absence de chagrin, dans la tradition éthique arabe, s'acquiert au prix d'un véritable exercice spirituel. Les philosophes arabes se situent une fois de plus dans la continuité des Grecs. Ainsi, dans une lettre publiée sous le titre *Ne pas se chagriner*, Galien explique à son destinataire que les nombreux maux qui le frappèrent, notamment la perte de ses livres lors du grand incendie de Rome, ne parvinrent pas à l'affliger. Plus les maux qui touchent Galien grandissent, plus son absence de chagrin devient synonyme de vertu :

> Le fait que, après avoir perdu la totalité de mes remèdes, la totalité de mes livres et en plus les recettes de remèdes réputés, et encore les éditions que je leur avais consacrées, en même temps que beaucoup d'autres ouvrages dont chacun, à lui seul, par sa réalisation, montrait ce puissant amour du travail qui fut le mien au cours de ma vie entière, je n'aie pas éprouvé de chagrin, cela est désormais une conduite noble et une preuve qui dénote de la grandeur d'âme au premier chef [1].

1. Galien, *Ne pas se chagriner*, éd. et trad. Véronique Boudon-Millot et Jacques Jouanna, Paris, Les Belles Lettres, 2010, p. 16.

Galien esquisse une explication à tant de sagesse. Par exemple, les hommes sages se remémorent sans cesse les maux qu'ils peuvent subir, ils se font les spectateurs des malheurs des autres grâce aux récits historiques. À la suite de Galien, al-Kindī cherche à donner à son lecteur les principes grâce auxquels il pourra s'éduquer lui-même à la sagesse. Dans l'un des passages les plus imagés de son traité, il transforme quelques lignes du *Manuel* d'Épictète en une vaste allégorie, qui compare les hommes en ce monde aux passagers d'un navire. Dans le *Manuel*, Épictète écrivait :

> Comme, dans un voyage en mer, quand le navire a accosté et que tu as débarqué pour la provision d'eau, chemin faisant tu ramasseras aussi un petit coquillage et un petit oignon, mais il faut que ta pensée reste fixée sur le navire, que tu te retournes continuellement, si jamais le pilote t'appelait, et s'il t'appelle, que tu laisses tout cela pour éviter d'être jeté à bord pieds et poings liés, comme le bétail ; ainsi également dans la vie, s'il t'est donné, au lieu d'un oignon et d'un coquillage, une petite femme et un petit enfant, rien ne l'empêchera ; mais si le pilote t'appelle, cours au navire, laisse tout le reste, ne te retourne même pas. Mais si tu es vieux, ne t'éloigne jamais beaucoup du navire, pour ne jamais manquer à l'appel[1].

Mais si la sagesse réside dans l'absence de tristesse, qu'en est-il de la mélancolie ? Peut-on appliquer à la mélancolie, caractérisée par la tristesse et l'anxiété, des remèdes moraux ? Dans certains cas, la mélancolie, selon les médecins, peut être entraînée par un mode de vie déséquilibré et se soigne en partie par des principes éthiques, comme ceux que Maïmonide adresse au sultan al-Afḍal, affecté par une telle disposition par son intem-

1. Épictète, *Manuel*, *op. cit.*, p. 66-67.

pérance. Les vérités éthiques doivent d'autant plus faire l'objet d'énoncés didactiques et persuasifs qu'il ne s'agit pas, comme l'explique Avicenne, de principes premiers de la raison mais de vérités simplement admises.

Les hommes en ce monde sont semblables aux passagers d'un navire

L'*Épître sur l'art de chasser les tristesses*, qui s'inscrit dans la tradition des traités de consolation, constitue l'œuvre éthique d'al-Kindī la plus célèbre qui nous soit parvenue. Mêlant des thèmes platoniciens et stoïciens, elle se divise en deux parties, la première esquissant une analyse théorique de la tristesse et de ses causes, tandis que la seconde entreprend de donner au lecteur quelques conseils pratiques pour ne pas devenir triste. Au § XI, quelques lignes du *Manuel* d'Épictète deviennent une vaste allégorie représentant notre passage en ce monde.

XI. Durant leur traversée de ce monde fuyant, aux états évanescents, aux plaisirs vains, aux images mensongères, où les états finaux font mentir les états initiaux, en lequel qui place sa confiance est déçu, et par lequel qui est trompé inspire la pitié, les hommes ressemblent à des passagers embarqués sur un navire pour atteindre, à destination, leur terre natale. Le capitaine du navire les mène à une île qu'ils accostent pour répondre à telle ou telle nécessité. Il jette l'ancre et les passagers débarquent afin de répondre à leurs nécessités <respectives>. Certains accomplissent effectivement ce pour quoi ils ont débarqué et remontent à bord du navire sans faire halte pour quoi que ce soit <d'autre> ; ils s'installent aux places les plus spacieuses du navire et aux sièges les plus doux sans en être empêchés, en l'absence de toute concurrence ou rivalité. D'autres s'arrêtent pour admirer les champs couverts d'espèces variées de fleurs écloses, respirent de multiples parfums agréables émanant de ces champs fleuris et de la forêt de superbes arbres porteurs de fruits aux espèces merveilleuses et écoutent les chants plaisants des oiseaux[1]. Ils observent sur le sol de cette terre des pierres teintées de multiples couleurs, éclatantes et plaisantes au regard, et des coquillages attrayants, aux formes étonnantes et parés de tracés sophistiqués, mais cela sans aller plus loin que là où la nécessité les a conduits. Finalement, ils retournent à l'emplacement du bateau, où ils arrivent à temps aux places les plus larges et aux sièges les plus confortables.

Certains se mettent à ramasser ces coquillages, ces pierres, ainsi que les fruits et les fleurs à proximité, sans dépasser le lieu où les a conduits la nécessité. Ils remontent sur le bateau chargés de leur fardeau, esclaves des pierres du sol, de ses coquillages et de ses fleurs éphémères qui vont bientôt perdre l'aspect qui les a séduits, et les fruits qui vont bientôt pourrir, si bien qu'il sera détestable de les avoir à côté de soi ou à proximité. D'autres ont bien agi et les ont devancés aux places spacieuses sur le bateau, si bien qu'eux s'installent aux places exiguës, inconfortables et dures. Les pierres, les coquillages, les fleurs et les fruits dont ils se sont chargés leur pèsent, surtout à cette place exiguë et dure. <Ce poids> les oppresse et les empêche de goûter au repos que connaissent ceux qui les ont devancés aux places spacieuses sans voisiner avec des pierres encombrant leur place, et qui ne peinent pas à les surveiller pour les protéger contre les accidents. Le plus clair de leur repos est consacré à <empêcher> que <leur charge> ne disparaisse

1. Littéralement « des ventres des oiseaux ».

de leur voisinage, à s'en préoccuper, à avoir grandement peur pour elle et à ce que leur âme s'inquiète de la garder à proximité. Ce qu'ils ont glané ne leur transmet en héritage que la désolation, la tristesse ou la frustration dès qu'ils le perdent tout ou en partie.

D'autres <passagers> encore, à mesure qu'ils s'enfoncent dans ces champs et dans cette forêt, oublient le bateau et sa destination, leur terre natale. Ils sont tellement préoccupés à ramasser ces pierres, ces coquillages et ces fleurs, tandis qu'ils s'enfoncent dans ces forêts, et ils sont tellement préoccupés par les fruits qu'ils goûtent, que leur esprit est détourné du souvenir de leur terre natale et de l'exiguïté du bateau sur lequel ils devaient remonter. Dans le même temps, ils ne sont pas à l'abri de peurs perpétuelles, de catastrophes successives, de douleurs obsédantes causées par une bête féroce en fuite, de serpents venimeux, de bruits effrayants, d'une branche suspendue qui leur inflige de douloureuses blessures au visage et sur le reste du corps, d'échardes qui transpercent leurs pieds et qui tardent à guérir, de la boue qui les retient prisonnier, les salit et souille les vêtements couvrant leur nudité, d'une branche qui déchire et arrache leur habit ou d'entrelacs qui s'accrochent à eux et les empêchent d'avancer. Quand le capitaine les appelle pour lever l'ancre, certains reviennent chargés de ce qu'ils ont récolté et ramassé, si bien qu'ils tombent dans les malheurs que nous avons décrits. Lorsqu'ils parviennent au bateau, ils ne trouvent que des places exiguës, désolantes, éprouvantes, qui leur interdisent tout repos et leur causent des maladies fatales.

D'autres n'entendent pas l'appel du capitaine parce qu'ils se sont enfoncés trop profondément dans la forêt et se sont perdus dans les champs et leur obscurité. Le bateau a levé l'ancre, et ils demeurent là où ils sont arrivés, coupés de leur terre natale. <Ils sont> dans une plaine remplie de dangers inquiétants et fatals et de destructions immenses. Parmi eux, certains se font dévorer par des bêtes féroces. D'autres sont pris au piège dans des ravins profonds[1]. D'autres restent prisonniers de bourbiers et d'autres encore sont mordus par des serpents. Ils deviennent ainsi de répugnants cadavres abandonnés, disloqués, abominables. Leur état inspire la pitié à ceux qui ne les connaissaient pas et donne une leçon à ceux qui les connaissaient. Ils sont coupés de leur terre natale, vers laquelle ils se dirigeaient.

Quant à ceux qui sont retournés au navire ployant sous le poids des choses qu'ils ont ramassées, qui ont trompé leur esprit, aliéné leur liberté, supprimé leur repos, encombré leurs places et pesé sur leurs sièges, il n'y a pas long avant que ces fleurs ne se fanent, que ces pierres ne noircissent parce qu'elles manquent de l'humidité qui leur conférait leur éclat et leurs couleurs. Les coquillages changent aussi : ils pourrissent[2], dégagent une atroce odeur de putréfaction, deviennent un poids et leur voisinage une nuisance. <Les passagers> n'ont d'autre solution que de les jeter à la mer. Alors, ce qui a embarrassé leur marche et troublé leur vie, qui a encombré leurs places et aliéné leur liberté, puis est devenu un fardeau, les a finalement laissés les mains vides. À cause de lui, avant qu'ils n'arrivent à destination, leurs maladies se sont multipliées, à mesure que s'immisçaient en eux les émanations des odeurs de

1. Comme Peter Adamson et Peter E. Pormann, nous lisons ici *hūwāt*, « ravins ». Voir Peter Adamson et Peter E. Pormann, *Al-Kindī's Philosophical Works*, Karachi, Oxford University Press, 2011 (à paraître). Nous remercions ici les auteurs de nous avoir transmis leur traduction avant sa publication.

2. Comme Peter Adamson et Peter E. Pormann, nous lisons ici *ta'assun*, « pourrir ». Voir *ibid.*

putréfaction et que leurs forces disparaissaient sous le coup de la fatigue causée par l'exiguïté et la rigidité de leur place, ainsi que par la lourde peine qu'ils consacrèrent à ce qui se révéla leur ruine et leur malheur. Certains moururent avant d'arriver à destination, tandis que d'autres l'atteignirent malades et affaiblis. Quant à ceux qui <ne> restèrent en arrière <que> pour profiter du spectacle et des parfums, ils furent divertis seulement au point que leur firent défaut une place spacieuse et le confort. Tandis que ceux qui revinrent sans avoir été divertis par aucune des choses qui tombèrent sous leurs sens, à part celles qu'ils observèrent tandis qu'ils subvenaient à leurs besoins, ceux-là arrivèrent les premiers aux places les plus spacieuses et les plus confortables et atteignirent leur terre natale reposés.

Cette parabole représente le passage de ce monde au monde de la vérité et illustre les conditions de tous ceux qui passent par ce monde. Qu'y a-t-il de plus dégradant pour nous que de compter parmi ceux qui sont trompés par les cailloux du sol, les coquillages de l'eau, les fleurs des arbres et les plantes fragiles, qui ne tardent pas à devenir un fardeau pour nous ? Nous ne voyons pas d'autre échappatoire à leur désagrément que de les jeter à un endroit de la terre, dans les profondeurs de la mer ou dans les flammes. Nous bouchons notre nez à cause de leur puanteur, baissons le regard pour ne pas voir leur laideur et cherchons à nous en éloigner à cause du malaise que nous ressentons à leur proximité et du dégoût que nous éprouvons à leur vue. Les choses qui nous attristent sont celles qui occupent en nous cette place. Si nous sommes tristes, nous avons raison de l'être, car nous sommes coupés de notre vrai lieu et nous nous trouvons sur une étendue d'où le navire ne peut nous conduire jusqu'à notre véritable terre natale. Celle-ci est dénuée de calamités, car il ne s'y trouve ni manques ni chagrins. En effet, il n'y a aucune privation, car tout ce qui existe là-bas existe véritablement. Ainsi, on n'y désire pas ce qu'il ne faut pas désirer, mais uniquement ce qu'il faut désirer. Or ce qui doit être désiré y accompagne toujours la personne qui le désire, n'est jamais séparé d'elle, ni affecté par un quelconque dommage. Nous devrions seulement nous attrister d'être incapable de ne pas être triste, car c'est une disposition propre à l'intellect. Mais s'attrister d'être incapable d'être triste, c'est une disposition propre à l'ignorance.

Al-Kindī

Al-Kindī, *Épître sur l'art de chasser les tristesses*, éd. Helmut Ritter et Richard Walzer, Francfort, Institute for the History of Arabic Islamic Science, vol. 33, 1996, p. 210-212. La traduction est nôtre.

Contre la mélancolie

Maïmonide fut médecin à la cour de Ṣalaḥ al-Dīn (Saladdin). Lorsque le fils de celui-ci, le sultan al-Afḍāl, fut frappé de mélancolie, Maïmonide lui adressa deux épîtres où médecine et philosophie se mêlent étroitement pour tenter d'apporter une cure à cette maladie de l'âme et du corps.

Il est bien connu de notre maître – que Dieu prolonge ses jours – que les passions de l'âme produisent dans le corps des transformations profondes, évidentes, manifestes pour tous et visibles. Prenons un homme robuste, à la voix forte, au visage éclatant. Quand il reçoit soudainement une nouvelle qui l'attriste profondément, on le voit aussitôt pâlir, l'éclat de son visage disparaît, sa stature s'incline, sa voix décroît, et même s'il s'efforce d'élever la voix, il n'en est pas capable. Ses forces baissent et l'affaiblissement peut même l'amener à trembler. Son pouls diminue, ses yeux deviennent caves, ses paupières trop lourdes pour bouger, la surface de son corps se refroidit, il perd l'appétit. La cause de tous ces signes est le retrait de la chaleur naturelle et du sang vers l'intérieur du corps. À l'inverse, prenons un homme de faible constitution, pâle, à la voix douce. Quand il est mis au courant d'une affaire très réjouissante, on voit son corps se renforcer, sa voix s'élève, son visage s'illumine, ses mouvements s'accélèrent, son pouls augmente et, finalement, la surface de son corps se réchauffe. La joie et le contentement sont visibles et il ne peut les dissimuler. La cause de tous ces signes est le mouvement de la chaleur naturelle et du sang vers la surface du corps. Les états respectifs de l'homme timoré et anxieux et de l'homme confiant et détendu sont connus. De même, les états respectifs du vaincu et du vainqueur sont manifestes. Le vaincu ne voit presque rien, à cause de la diminution du *pneuma*[1] de la vision et de sa dispersion, tandis que la lumière de la vision du vainqueur s'accroît beaucoup, au point qu'il lui semble que la lumière environnante a augmenté et s'est intensifiée. Ce sujet est si évident qu'il n'est pas nécessaire de s'y étendre.

C'est la raison pour laquelle les médecins ordonnent que les mouvements de l'âme fassent toujours l'objet de soins et de surveillance, qu'on prenne soin de les maintenir en équilibre, dans l'état de santé comme dans l'état de maladie, et qu'on ne donne la priorité à aucun autre régime sur celui-là de quelque manière. Le médecin aspire à ce que tout malade et toute personne en bonne santé demeurent contents et conservent une âme légère et qu'ils soient soulagés des passions qui entraînent l'oppression de cette dernière. En effet, c'est ainsi que la santé perdure chez l'homme sain et qu'on commence à guérir un malade, en particulier s'il souffre d'une maladie de l'âme, comme les victimes de la mélancolie hypocondriaque ou du délire mélancolique. Le soin apporté aux mouvements de l'âme chez ces personnes est très important, comme c'est aussi le cas chez qui est envahi par l'inquiétude et une idée fixe, ou qui est terrifié par ce qui n'est pas en soi terrifiant, ou chez celui dont la joie est diminuée par ce qui est en soi réjouissant. Chez tous ceux-là, le médecin habile n'a pas

1. Le *pneuma* désigne le « souffle » grâce auquel s'opèrent les mouvements du corps. La médecine arabe, à la suite des Grecs, compte trois types de *pneumas* : le *pneuma* physique, le *pneuma* animal et le *pneuma* psychique.

d'autre priorité que de rectifier les états de l'âme en apaisant ces passions. Mais le médecin, justement parce qu'il est médecin, ne doit pas demander à son art <de lui donner> la connaissance de la technique propre à apaiser ces passions. En effet, cette tâche est en réalité accomplie par la philosophie pratique, les admonestations, et les règles de la loi divine.

Les philosophes, de la même manière qu'ils ont écrit des livres sur les différentes sciences, en ont écrit beaucoup sur la rectification des mœurs et le raffinement de l'âme, et sur la manière dont elle peut acquérir les vertus morales pour que n'émanent d'elle que des actions bonnes. Ils mettent en garde[1] contre les vices moraux et enseignent la méthode qui les élimine de l'âme de celui qui trouve en lui l'un de ces traits, jusqu'à ce que la disposition incitant aux mauvaises actions disparaisse dans sa totalité. De la même manière, les règles de la loi divine, les admonestations et les sentences reçues des prophètes – que la paix soit sur eux – ou de leurs disciples, ainsi que la connaissance de leur mode de vie vertueux rectifient les mœurs de l'âme afin qu'elle atteigne un tel état de vertu que n'en émanent que des actions bonnes. Pour cette raison, on voit que les passions exercent une action puissante seulement sur les personnes auxquelles n'ont pas été enseignées les mœurs philosophiques ni les règles et les admonestations de la loi divine, comme les jeunes gens, les femmes et les hommes ignorants. Ceux-là, à cause de la mollesse de leur âme, sont apeurés et angoissés. Lorsque quelque mal s'empare d'eux, ou qu'une calamité de ce monde leur arrive, on voit qu'ils sont complètement apeurés, crient, pleurent, se giflent les joues

1. Nous lisons *yuḥaḏḏirūna*, « mettre en garde », au lieu de *yuḥadirūna*, « faire tomber ».

et se frappent la poitrine. Souvent, leur affliction est si grande que l'un d'eux meurt, soit sur le coup, soit après quelque temps, à cause du souci et du chagrin qui se sont emparés de lui. De même, s'il arrive à ces personnes une des bonnes choses de ce monde, ils s'en réjouissent au plus haut point et supposent, parce que leur âme n'est pas très éduquée, qu'il leur est arrivé un bien très grand. Leur fierté et leur gonflement augmentent tant ils sont exaltés par ce qu'ils ont obtenu. Ils sont très échauffés, leur rire et leur frivolité s'accroissent, si bien que certains meurent d'une joie trop intense, à cause de la dissolution du *pneuma* qui tend alors à jaillir trop fortement vers l'extérieur, comme l'a expliqué Galien. La cause de tout cela est la mollesse de l'âme et son ignorance de la vérité des choses.

Mais l'âme des personnes qui vivent selon la conduite philosophique ou l'éducation et les admonestations de la loi divine devient courageuse. Ce sont elles qui sont véritablement courageuses, car leur âme ne pâtit et n'est affectée que dans la plus faible mesure possible. Plus une personne est disciplinée, moins elle est affectée dans toutes les circonstances, favorables comme défavorables. Si bien que, s'il lui arrive un bien très grand parmi les biens de ce monde, que les philosophes nomment biens imaginaires, elle ne s'échauffe pas et elle ne l'exalte pas. De même, s'il lui arrive un mal très grand parmi les maux de ce monde, que les philosophes appellent maux imaginaires, elle ne devient pas terrifiée ou angoissée, mais a recours à la plus grande patience. En vérité, cette disposition advient à l'individu dans son âme lorsqu'il considère la vérité des choses et connaît la nature de la réalité. En effet, les plus grands biens de ce monde, même s'ils durent tout le temps de la vie de l'individu, sont très méprisables et éphémères. Qu'y a-t-il là-dedans pour l'homme, qui est destiné à mourir, comme tous les animaux ? De même, tous les plus grands maux de ce monde, quand on les compare à la mort, qui est inévitable, s'avèrent sans aucun doute moindres que celle-ci. À cette pensée, l'influence de ces maux diminue puisqu'ils sont moindres qu'un mal inévitable. En vérité, les philosophes nomment les biens et les maux de ce monde des biens imaginaires et des maux imaginaires pour la raison suivante : combien de biens supposés être des biens étaient en réalité des maux, et combien de maux supposés être des maux étaient en réalité des biens ? Combien de fois un individu a-t-il obtenu une fortune importante, et combien de fois a-t-il acquis des possessions inutiles, qui conduisirent son corps à dépérir, son âme à s'adonner aux vices, ses jours à être écourtés, l'éloignèrent de Dieu et le séparèrent de son créateur ? Qu'y avait-il là pour lui à part une misère éternelle ? Combien de fois un homme a-t-il été privé de fortune et lui a-t-on arraché ses possessions, et <combien de fois> cela a-t-il conduit son corps à aller mieux, son âme à être embellie grâce aux vertus, ses jours à être allongés, <combien de fois> cela le rapprocha-t-il de son créateur et approfondit-il sa foi ? Qu'y avait-il là pour lui à part le bonheur éternel ? Ce que votre serviteur dit de l'écourtement et de l'allongement de la vie, il le dit du point de vue des médecins, des philosophes et de certaines maîtres de la loi divine avant l'islam. En somme, la plupart des choses que la masse estime être une bonne fortune sont en réalité une mauvaise fortune, et la plupart des choses que la masse estime être une mauvaise fortune sont en réalité une bonne fortune.

Ce n'est pas l'intention de ce traité d'expliciter la vérité de ces choses ou de la commenter et d'enseigner ses voies, car beaucoup a déjà été écrit à ce sujet à toutes les époques et dans toutes les nations sages qui ont étudié les sciences. Votre serviteur a seulement voulu, par ces indications, inciter[1] à habituer l'âme à modérer ses passions en se tournant vers ces livres d'éthique, les règles de la loi divine, les admonestations et les lois qu'ont énoncées les savants. Ainsi, l'âme sera renforcée et verra le vrai comme vrai et le faux comme faux. Les passions diminueront, les pensées noires disparaîtront, la mélancolie sera apaisée et l'âme se réjouira dans n'importe quelle circonstance où puisse se trouver un individu. C'est une excellente réflexion, et grâce à elle diminueront les pensées nocives, les soucis et les chagrins. Souvent, ils cesseront tous ensemble si l'individu parvient à implanter cette réflexion dans son esprit. En effet, lorsqu'un individu, tout le temps qu'il pense à quelque chose, est déprimé par cette pensée et devient soucieux, chagrin et triste, cela peut venir de deux choses. Soit il pense à une chose qui a disparu, comme celui qui pense à ce qui lui est arrivé, à la suite de la perte de sa fortune ou à la mort d'un être cher, soit il pense à une chose qui peut arriver et qu'il appréhende, comme celui qui se fait du souci à l'avance en pensant à quelque catastrophe. Il est bien connu, à travers la considération rationnelle, que la pensée de ce qui est passé et terminé n'est d'aucune utilité, et que le souci et le chagrin à propos de ce qui n'est plus est le fait des simples d'esprit. Il n'y a pas de différence entre un individu qui s'afflige à cause d'une fortune anéantie ou quelque chose dans ce genre et un autre qui s'afflige d'être un homme et pas un ange, ou une planète ou quelque autre pensée inaccessible. Quant à préoccuper son esprit par l'appréhension, conduisant à l'oppression de l'âme, de ce qui risque d'arriver dans le futur, il faut

1. Nous lisons *tanbīh*, « incitation ».

aussi abandonner cela, en considérant la chose suivante : tout ce qu'une personne peut anticiper fait partie du domaine du possible. Cela peut arriver comme ne pas arriver. Par suite, de même que, en se lamentant et en se faisant du souci, peut arriver cela[1] qu'on appréhendait, il convient d'apaiser son âme et de garder espoir, et grâce à cet espoir, il peut arriver le contraire de ce qu'on appréhendait. En effet, ce qui était appréhendé comme son contraire sont tous les deux possibles.

Maïmonide

Maïmonide, *Sur le régime de la santé*, éd. Hermann Kroner, dans *Beiträge zur Geschichte der Arabisch-Islamischen Medizin*, t. V, Francfort, 1990, p. 111-115. La traduction est nôtre.

1. Nous lisons *'īyyāh*, « il », « cela », à la place de *'īyyāk*, « toi ».

Les vérités morales sont-elles des principes premiers de la raison ?

Suivant la même démarche du doute méthodique que dans le passage consacré à la conscience du soi (voir p. 100-102), Avicenne montre dans ce passage du *Livre des directives et des remarques* que les jugements moraux sont des propositions acceptées par tous (Aristote dirait des *endoxa*), et non des principes premiers de la raison. Il s'oppose ainsi au philosophe Saadia Gaon[1] et aux théologiens mu'tazilites.

Dans cet ensemble[2] entrent les choses connues de tout le monde ; et, parmi elles, se trouvent encore ces données premières et certaines choses voisines, qu'on doit accepter, non comme irrécusables en elles-mêmes, mais en tant que généralement reconnues. Telles sont les opinions appelées louables. Parfois nous leur avons réservé le nom de « connues », car elles n'ont d'autre point d'appui que la notoriété. Ce sont des opinions telles que si l'homme était abandonné à lui-même avec son intelligence immatérielle, son estimative et ses sens, et qu'il ne dût pas à son éducation d'avoir reçu et reconnu certaines maximes, et que l'induction n'inclinât pas fortement son

1. Au début du *Livre des croyances et des opinions*, Saadia Gaon donne comme exemple de connaissance intellectuelle le jugement selon lequel la véracité est louable et le mensonge blâmable.

2. Il s'agit des choses que l'on croit, elles-mêmes sous-parties des choses admises (*musallamāt*). Les choses admises rassemblent des propositions de valeur très inégale, allant des principes premiers, irrécusables en eux-mêmes, et des certitudes acquises par syllogisme, aux opinions fondées sur la simple ressemblance entre deux objets.

opinion à juger à cause de la multiplicité des cas particuliers, et que ce que la nature humaine contient de miséricorde, de honte, de pudeur, d'honneur, etc., ne les exigeât pas, l'homme n'en prendrait pas la détermination pour obéir à son intelligence, à son estimative, ni à ses sens. Ainsi notre jugement que voler le bien d'autrui est une vilaine action, que le mensonge en est une autre qu'il ne convient pas d'agréer. De ce genre est l'appréciation qui se présente en premier à l'estimative chez un grand nombre de personnes – bien que la loi en ait détourné beaucoup –, sur la laideur de l'égorgement des animaux, faisant suite à la compassion qui est innée chez ceux qui en sont doués et qui forment la grande majorité. Cependant, rien de tout cela n'est exigé par l'intelligence naturelle. Si l'homme s'imaginait lui-même et se représentait qu'il a été créé d'un seul coup avec une intelligence arrivée à sa perfection[1], qu'il n'a pas reçu de culture et qu'il n'a pas obéi à une passion de l'âme ou du tempérament, il ne déciderait rien en de semblables opinions, mais au contraire, il pourrait les ignorer et s'arrêter devant elles. Tandis que tel n'est pas le cas de notre jugement : le tout est plus grand que la partie[2].

Avicenne

Avicenne, *Livre des directives et des remarques*, trad. A.-M. Goichon, Paris, Vrin, 1951, rééd. 1999, p. 179-180.

---

1. Voir l'hypothèse de pensée de l'« l'homme volant ».
2. Dans le *Livre du salut*, Avicenne oppose les propositions « la justice est belle » et « le mensonge est laid », d'un côté, et « le tout est plus grand que la partie », de l'autre, car les premières ont pu faire l'objet de doute, pas la troisième.

2

La vie philosophique est-elle ascétique ?

Dans le contexte de la double lecture des traités moraux, le problème posé par l'ascétisme est délicat. En effet, le calcul des plaisirs et des peines, de même que la libération de l'âme d'avec le corps, semblent tracer la voie vers un éloge philosophique de l'ascétisme. Or tel n'est pas toujours le cas. Dans *La Conduite du philosophe*, traité composé par al-Rāzī pour se défendre contre des attaques l'accusant de nombreux attachements matériels, il rejette l'ascétisme, qui est une injustice commise envers soi-même. À nouveau, il est utile de lire ce texte à la lumière de la doctrine razienne de l'incarnation de l'âme. L'âme a voulu s'associer à la matière, mais le créateur a organisé le monde et l'âme de manière à permettre à l'âme de juger que là n'est pas sa vraie patrie. Il a doté l'âme de l'intellect, qu'elle doit utiliser pour comprendre le monde et continuer de l'organiser de manière conforme à sa volonté. Ainsi, l'ensemble des arts pratiqués dans ce monde, tels la navigation ou la médecine, doivent être loués car ils nous permettent d'évaluer le cours de nos actions. Ils font ainsi partie de ce que Dieu nous a réservé afin de nous protéger des conséquences de l'incarnation[1]. Surtout, l'homme doit

1. Voir T.-A. Druart, « Al-Rāzī's conception of soul : psychological

s'efforcer d'imiter la justice divine : de même qu'il est cruel de priver l'autre d'eau ou de traitement médical, il est cruel de s'en priver soi-même. Miskawayh parvient à la même condamnation éthique de l'ascétisme, mais en parcourant le chemin inverse : non plus des autres vers soi-même, mais de soi-même vers les autres. Dans *La Conduite du philosophe*, al-Rāzī met à part un mode de vie particulier, le système monacal, dans lequel l'ascétisme est moins grave. Yaḥyā ibn 'Adī va plus loin en plaçant l'ascétisme des savants, des moines comme des chefs religieux au sein d'une catégorie éthique particulière, regroupant les qualités morales qui sont des vertus chez certaines personnes et des vices chez d'autres.

background to his ethics », *Medieval Philosophy and Theology*, n° 5, 1999, p. 261.

L'ascétisme est une injustice commise envers soi-même

En réponse à des adversaires l'accusant de délaisser la philosophie par intérêt des choses mondaines, al-Rāzī répondit en écrivant *La Conduite du philosophe*, dans laquelle il se place sous l'égide de la figure socratique. Il répond aux accusations portées contre lui par une critique de l'ascétisme, en défendant l'idée que le philosophe ne s'occupe pas seulement de métaphysique et de physique, mais aussi et surtout d'éthique et de politique.

Vu qu'il est défendu à l'homme par le jugement de l'intellect et de la justice de causer une douleur à un autre être, il s'ensuit qu'il ne doit pas non plus se causer de douleur à lui-même. Cette thèse générale implique également nombre de cas qui sont rejetés par le jugement de l'intellect. Il en va ainsi pour l'usage des hindous qui, pour s'approcher de Dieu, brûlent leur corps ou se jettent sur des fers aiguisés. Ou l'usage des manichéens de se mutiler, lorsque leur concupiscence les incite à l'union sexuelle, de s'affaiblir par la faim et la soif, de n'avoir guère cure de se salir en s'abstenant de l'eau et en se servant d'urine à la place.

À la même catégorie appartiennent aussi les cas suivants bien que moins graves : le système monacal et la réclusion dans des ermitages pratiqués par les chrétiens ainsi que l'usage que l'on rencontre souvent chez les musulmans de ne pas quitter les mosquées, d'abandonner leur gagne-pain et de se borner à un minimum de nourriture et à des vêtements rêches et inconfortables. Car tout cela est une injustice envers soi-même et cause une douleur par laquelle une douleur plus grave n'est pas évitée. Socrate lui-même avait pratiqué cette conduite dans la première partie de sa vie, mais il l'avait abandonnée dans la seconde partie comme nous l'avons dit précédemment. À ce sujet, il y a parmi les gens les opinions les plus diverses que nous ne pouvons pas parcourir en détail. Mais il est indispensable d'en donner une idée approximative pour qu'elle serve d'exemple typique.

Nous disons donc : les gens sont très différents quant à leur situation. Il y en a qui sont élevés dans le luxe et d'autres qui sont élevés dans la pauvreté ; chez quelques-uns, certains désirs l'emportent en vigueur sur les autres, comme chez ceux qui sont épris de femmes ou de vin ou possédés du désir de domination. Tout cela, ce sont des choses par lesquelles les gens diffèrent entre eux. Par conséquent, la douleur dont ils souffrent à cause de la répression de leurs désirs sera également très diverse, cela à raison des différences de leurs conditions. De la sorte, le fils de rois et de gens aisés ne pourra exposer sa peau au contact des vêtements rêches et son estomac ne supportera pas une nourriture de mauvais goût aussi facilement que le peut supporter le fils de gens simples ; mais il en ressentira une douleur très forte. De même que ceux qui sont habitués à un plaisir quelconque ressentiront de la douleur lorsqu'on les en prive et la peine sera pour eux maintes fois plus grande et plus forte que pour ceux qui ne sont pas habitués à ce plaisir. C'est pourquoi il ne faut pas leur imposer la même règle, mais une règle différente correspondant à leurs conditions différentes. On n'imposera donc pas à un apprenti philosophe de famille royale les mêmes nourritures, boissons et autres choses nécessaires à la vie que celles imposées aux descendants de gens simples, ou du moins on les lui imposera graduellement, lorsque la nécessité l'exigera. Mais la limite qui ne doit pas être dépassée, c'est qu'ils s'abstiennent des plaisirs que l'on ne peut atteindre qu'en commettant une injustice ou en causant la mort de quelqu'un, bref en faisant ce qui est en horreur à Dieu et défendu par le jugement de l'intellect et de la justice. Tout ce qui est en deçà de cette limite leur est permis. C'est là la limite supérieure qui définit la jouissance permise. La limite inférieure, je veux dire en termes d'abstinence et de privation, est la suivante : que l'on mange tout ce qui n'est pas nuisible et ne cause pas de maladie, et qu'on ne soit emporté par sa jouissance excessive et par ses désirs au point que ceux-ci, et non pas le besoin d'assouvir sa faim, soient le but unique de son repas. Que l'on revête des habits que la peau peut supporter sans en souffrir et que l'on ne leur préfère pas des vêtements somptueux et multicolores. Que l'on habite des maisons qui protègent contre l'excès de chaleur et de froid et que l'on ne leur préfère pas des palais magnifiques et splendides, pleins de peintures et de luxe. Ces choses-là ne sont permises que si l'on est assez riche pour se les procurer sans injustice ni empiètement, ni effort extraordinaire pour en acquérir les moyens. C'est pourquoi ceux qui sont nés de parents pauvres ou qui ont été élevés dans des conditions médiocres l'emportent pour remplir cette intention. Car mener une vie simple et dure leur est plus facile, comme cela a été plus facile pour Socrate que pour Platon. Quant aux façons de vivre qui se trouvent entre ces deux limites, il est permis de les adopter et on ne risque pas par là de perdre le titre de philosophe, mais on en garde le droit. Car les âmes vertueuses, bien qu'unies à des corps élevés dans le luxe, entraînent peu à peu leur corps à se conformer à la limite inférieure. Cependant, dépasser cette limite inférieure, c'est abandonner la philosophie et adopter la conduite des hindous, des manichéens, des moines et des ermites, dont nous avons parlé. Et c'est alors que l'on abandonne la juste conduite, que l'on provoque la colère de Dieu – en causant une douleur inutile à des êtres vivants – et que l'on mérite d'être rayé de la liste des philosophes. Il en est de même si on dépasse la limite supérieure.

Al-Rāzī

Al-Rāzī, *La Conduite du philosophe*,
trad. P. Kraus, « *Raziana I*, *La Conduite du philosophe*,
traité éthique de Muhammad b. Zakariyya al-Rāzī »,
Orientalia, n° 4, 1935, p. 329-331 (traduction modifiée).

Pour une défense partielle de l'ascétisme

Yaḥyā ibn ʻAdī fait entendre une voix légèrement discordante dans la condamnation philosophique de l'ascétisme. Aux côtés des vertus et des vices existe une troisième catégorie morale, les qualités morales qui peuvent être des vertus ou des vices en fonction de la personne. Ainsi, alors que l'abstinence est toujours une vertu, l'ascétisme est une vertu seulement chez quelques catégories de personnes comme les moines, mais elle n'est en aucun cas une vertu chez les rois.

Quant aux espèces de qualités morales et leurs divisions, celles parmi elles qui sont jugées bonnes, auxquelles il est désirable de s'habituer et qui sont considérées comme des vertus ; et celles parmi elles qui sont jugées odieuses, qui sont abhorrées et considérées comme des vices et des fautes, voilà les espèces que nous décrirons.

Sur les qualités considérées comme des vertus.
L'abstinence
C'est le contrôle par l'âme de ses appétits ; et les contraindre à se satisfaire de ce qui assure la simple subsistance du corps, et préserve sa santé seulement. C'est aussi d'éviter l'intempérance, de limiter tous les plaisirs et d'aspirer à la modération. De plus, les appétits auxquels on se limite doivent être assouvis de manière aimable, conforme à leur satisfaction et à l'occasion de besoins nécessaires. Ils doivent être mesurés : ni plus que de besoin, ni moins que ce qui protège l'âme et la force. Cet état est le but de l'abstinence.

[…]

Certaines qualités morales sont des vertus chez certaines personnes, et des vices chez d'autres. […]

L'ascétisme

C'est d'avoir peu de désir envers l'argent et les biens pour l'accumulation et l'acquisition. C'est préférer se satisfaire de ce qui assure la simple subsistance, en faisant peu de cas de ce monde, de ses beautés et de ses plaisirs ; c'est accorder peu d'attention aux rangs élevés dans la société, et juger que les rois et leurs royaumes ont peu d'importance, ainsi que les riches et leur argent. Cette qualité morale est jugée très estimable, mais seulement pour les savants, les moines, les chefs religieux, les orateurs, les prêcheurs, et quiconque suscite chez les gens le désir de l'au-delà et de la vie éternelle. Cependant, elle n'est pas jugée estimable chez les rois et les dirigeants, ni appropriée pour eux. En effet, lorsque le roi fait montre de son ascétisme, il devient défaillant. La raison en est que son règne n'atteint son but qu'en amassant l'argent et les biens et en les accumulant, afin de pouvoir défendre son royaume grâce à eux, conserver son territoire et venir en aide à ses sujets. Or tout cela est contraire à la pratique de l'ascétisme. Donc, s'il renonce à l'accumulation <des biens>, son règne devient vain et il sera compté au nombre des rois les plus défaillants et de ceux qui se sont détournés du chemin du bon gouvernement.

Yaḥyā ibn 'Adī

Yaḥyā ibn 'Adī, *La Purification des mœurs*, éd. N. al-Takrītī, Beyrouth/Paris, Manšūrāt 'uwaydāt, 1978, p. 82-83, p. 104. La traduction est nôtre.

L'ascétisme est une injustice faite aux autres

Dans la section du *Petit Livre du salut* consacrée au bonheur défini comme la perfection de l'âme humaine, Miskawayh aborde le problème du rapport entre l'individu et la société. Il commence par montrer que l'homme, pour être heureux, doit vivre en communauté. C'est l'occasion pour lui de condamner l'ascétisme, qu'il juge être une conduite non seulement antisociale, mais aussi immorale.

Puisqu'il en est ainsi et que le chemin que suit l'homme en ce qui touche à sa vie et à la qualité de ses moyens de vivre n'est pas celui que suit l'ensemble des animaux, on a dit qu'il était « politique » par nature, c'est-à-dire qu'il a besoin des différentes sortes d'entraide qui trouvent leur accomplissement dans la vie politique et dans la société des hommes à l'intérieur de la cité. Or cette société et cette entraide, c'est ce qui constitue la civilisation, qu'elle soit dans le nomadisme et dans le sédentarisme ou sur le sommet d'une montagne. C'est donc pour nous un acte de justice que de venir en aide aux autres hommes par nous-mêmes, comme ils nous viennent en aide par eux-mêmes, et de leur donner en échange ce qu'ils nous donnent. En effet, prenons le groupe de ceux qui combattent, qui repoussent <l'ennemi> et qui consacrent leur temps à s'exercer dans la guerre au point de n'avoir aucune autre occupation ; c'est un devoir pour eux qui exercent des métiers et qui ne jouissent d'une sécurité et d'un bien-être complets que grâce à eux de les aider par leurs industries, de même que c'est un devoir pour ces hommes de guerre, quand les hommes de métier ont satisfait à leurs besoins, de les défendre et de se battre pour eux à leur place. Et il en est ainsi de tout homme qui agit dans l'intérêt d'un autre : c'est un devoir pour l'autre de satisfaire en échange à ses besoins. Quant à celui qui s'en va une fois pour toutes mener ici-bas une vie ascétique, qui laisse le monde d'un seul coup et qui s'interdit toute acquisition, il use forcément d'injustice, puisqu'il demande à coup sûr l'assistance des hommes en tout ce qui est nécessaire à son corps et en tout ce dont il a besoin pour le maintenir en vie ; il les appelle à l'aide, puis il ne les aide pas. C'est là de l'injustice et de l'hostilité. Et si l'un d'eux se figure que la quantité de ses besoins est peu de chose, qu'il sache que pour ce peu il est besoin de mettre au travail une foule innombrable d'hommes, même s'il n'en a pas conscience. C'est donc une obligation pour chacun de donner son aide selon les conditions de la justice : s'il aide beaucoup, qu'il demande beaucoup ; et s'il aide peu, qu'il se satisfasse de peu. En disant « peu » et « beaucoup », je ne veux pas parler de la quantité, du fait de bien placer ce qu'on donne et de donner ce qui suffit. Car l'architecte, avec un peu de sa réflexion, rend un service que ne rendra pas celui qui livre son corps à la fatigue pendant plusieurs jours. Et de même, celui qui commande une armée la commande avec un peu de son jugement, et il rend un service que ne rendraient pas <plusieurs> hommes pris parmi ceux qui exposent leur propre vie dans le combat et dépensent leurs efforts dans des activités nombreuses.

Miskawayh

Miskawayh, *Le Petit Livre du salut*, trad. Roger Arnaldez, Tunis/Carthage, Maison arabe du livre, 1987, p. 54.

3

L'éthique a-t-elle une finalité politique ?

Jusqu'à maintenant, nous avons considéré que la finalité de l'éthique résidait dans l'obtention du bonheur, grâce à la pratique des exercices qui permettront à chacun d'atteindre son bonheur en s'éloignant des choses matérielles. Cela est particulièrement vrai pour les premiers temps de la philosophie arabe, en particulier chez al-Kindī et al-Rāzī. Mais les choses changent là aussi avec al-Fārābī, au Xᵉ siècle. L'éthique est toujours dirigée vers le bonheur, mais elle se dote désormais d'une dimension politique[1]. Le tournant « politique » de l'éthique était en filigrane de la défense par al-Rāzī de l'engagement du philosophe dans la vie de la cité dans *La Conduite du philosophe*. Mais al-Fārābī va plus loin en faisant de l'éducation politique du citoyen le moyen principal de sa formation éthique. Le législateur doit en effet connaître « les traits de l'âme grâce auxquels l'homme réalise des actions bonnes, et combien ils sont », mais aussi, « les moyens grâce auxquels <il> peut enraciner ces traits dans l'âme des citoyens, et l'art de gouverner afin de les préserver en eux et qu'ils ne

1. Charles Butterworth, « Ethical and political philosophy », in *The Cambridge Companion to Arabic Philosophy*, *op. cit.*, p. 266.

disparaissent pas »[1]. Le but de l'éthique est avant tout de permettre l'instauration de la cité vertueuse, seule capable d'assurer le bonheur des citoyens. En ce sens, l'éthique a elle-même une finalité politique, puisqu'elle doit permettre l'instauration de la cité vertueuse, de même que la politique a une finalité éthique, puisque le rôle du législateur est celui d'un éducateur.

1. Al-Fārābī, *Aphorismes choisis*, aphorisme 5, *The Political Writings*, trad. anglaise Charles Butterworth, Londres/Ithaca, Cornell University Press, 2001, p. 13 (nous traduisons).

« La loi est la voie qui mène aux biens »

Avec al-Fārābī un changement important s'opère dans la compréhension de l'éthique. Alors que l'éthique était avant tout destinée à enseigner aux hommes le détachement d'avec les choses mondaines, elle revêt désormais une dimension politique : le bien fait l'objet de l'éducation, destinée à implanter les vertus dans le cœur des citoyens, comme il l'explique dans le cours de son commentaire des *Lois* de Platon.

(42) Ensuite, il a fait voir une bonne notion, à savoir que ce qui atteste de la vérité et de la bonté de la loi, et ce qui aiguillonne vers elle, c'est l'intelligence, et qu'il faut donc que le législateur vise les choses qui procurent l'intelligence aux âmes, en y mettant un soin extrême : plus cela est sûr, et plus la loi est sûre et assurée. Or ce qui procure l'intelligence, c'est l'éducation, car celui qui n'a pas d'éducation se plaît aux choses mauvaises et celui qui a de l'éducation ne se plaît qu'au bien. Or la loi est la voie qui mène aux biens, leur mère et leur mine, et il s'ensuit par conséquent que le législateur doit mettre tout son sérieux à établir solidement l'éducation. Ensuite, il a fait voir que, lorsque l'éducation est bien enfoncée dans le naturel des gouvernants des cités et leurs semblables, il en résulte que l'on aspire aux biens, qu'on les applaudit et qu'on atteste leur vérité, la somme des attestations des hommes de bien étant la sagesse à laquelle nous aspirons.

Ensuite, il a fait voir que la cité n'est achevée que s'il y a en elle des gouvernants et des gouvernés, les gouvernants étant, par exemple, les vertueux, les hommes d'âge et les hommes d'expérience, et les gouvernés tous les autres, enfants, jeunes gens et ignorants, et que, toutes les fois qu'il en va ainsi, les choses sont correctes au plus haut point. Ensuite, il a entrepris de faire voir que les rois et les gouvernants, lorsqu'ils n'ont plus d'éducation, se corrompent eux-mêmes ainsi que leurs sujets, comme il l'a fait voir en parcourant des exemples de rois grecs qui, n'étant plus savants, ont corrompu leurs sujets et leur propre personne au point que leur cité a été ruinée. Et l'ignorance cause plus de méfaits chez les rois que chez la masse. Ensuite, il a fait voir que les citoyens ne peuvent se passer d'un gouvernement éduqué et d'une direction satisfaisante pour que leurs affaires se tiennent bien, à la façon dont le corps ne peut se passer de l'alimentation et dont le navire ne peut se passer de marin : de même ainsi qu'il l'a fait voir à propos des *mā'niliyūn*, et de même que le corps malade ne tolère pas les peines et n'accomplit pas de tâche excellente et profitable, de même l'âme malade ne peut discerner et élire ce qui est le plus excellent et le plus profitable, et la maladie de l'âme est l'absence de direction divine. Ensuite, il a abordé les exemples des gouvernants qui se sont supposés savants et cultivés sans l'être, ont cherché la victoire et ont tout corrompu.

Al-Fārābī

Al-Fārābī, *Compendium des* Lois, § 42-43, trad. Stéphane Diebler, *Philosopher à Bagdad au x*[e] *siècle*, Paris, Seuil, « Points Essais », 2007, p. 158-159.

Du gouvernement politique à la politique rationnelle

Dans le *Livre des exemples*, Ibn Khaldūn insiste sur le fait que « la société est nécessaire aux hommes », mais il souhaite changer de paradigme pour définir le but et la méthode de l'organisation sociale. Faisant référence à al-Fārābī, il explique que les philosophes font de l'enracinement de l'éthique dans l'âme des citoyens la finalité du régime politique (voir texte précédent). Il nomme cette organisation politique le « gouvernement politique » des philosophes, auquel il oppose la « politique rationnelle », qui n'a plus pour but l'éthique mais la recherche des intérêts des hommes dans ce monde, ou la loi révélée, fondée sur la recherche des intérêts des hommes dans ce monde et dans l'au-delà.

On a déjà vu plus d'une fois, ci-dessus, que la société est nécessaire aux hommes. C'est ce qu'on entend par civilisation, dont il est traité ici. Vivant en société, les hommes ont nécessairement besoin de s'en remettre à quelqu'un qui ait autorité sur eux et qui les gouverne. Son pouvoir repose soit sur une loi révélée à laquelle les hommes doivent se soumettre, parce qu'ils croient aux récompenses et aux châtiments de l'autre monde annoncés par le transmetteur de cette loi, soit sur une politique rationnelle à laquelle ils doivent obéir, parce qu'ils attendent une récompense de la part de celui qui les gouverne quand il aura appris ce qui est bon pour eux.

Dans le premier cas, on réalise un double profit, dans ce monde et dans l'autre, car le législateur connaît les intérêts ultimes des hommes et s'occupe de leur salut dans l'autre monde. Dans le second cas, il n'y a qu'un seul profit, ici-bas.

Ce qu'on dit du « gouvernement politique[1] » ne concerne pas notre propos ici. En effet, ce que les philosophes entendent par là, c'est la manière dont chaque membre de la société doit diriger son âme et sa conduite, de telle sorte que l'on puisse se passer entièrement de gouvernants. Une société où se réalisent ces exigences est appelée par eux la « cité parfaite[2] », et les règles qui doivent y être respectées le « gouvernement politique ». Ils ne veulent pas dire par là le gouvernement auquel on soumet les membres de la société par les lois, en vue de l'intérêt général. Ce sont deux choses différentes. La « cité parfaite » est, pour les philosophes eux-mêmes, quelque chose de rare ou de difficilement réalisable. Ils ne l'évoquent d'ailleurs qu'à titre d'hypothèse ou de supposition.

Ibn Khaldūn

Ibn Khaldūn, *Le Livre des exemples*, trad. Abdesellam Cheddadi, Paris, Gallimard, 2002, p. 639.

1. *Al-siyāsa al-madanīya*, littéralement le « régime politique », titre d'un ouvrage d'al-Fārābī.

2. *Al-madīna al-fāḍila*, titre d'un autre ouvrage d'al-Fārābī.

V

PHILOSOPHIE POLITIQUE

La principale figure de la philosophie politique médiévale écrite en arabe est celle d'al-Fārābī. Au travers d'œuvres telles que les *Idées des habitants de la cité vertueuse*, *Le Livre de la religion*, ou encore le *Compendium des* Lois *de Platon*, celui-ci fonda véritablement la philosophie politique en terre d'islam, pour reprendre l'expression de son grand commentateur, Muhsin Mahdi[1]. Pour y parvenir, il se fonda sur les textes grecs, et en particulier les textes platoniciens. Quel rôle jouèrent les textes grecs dans l'établissement de la philosophie politique écrite en arabe ? Pour le comprendre, on peut partir de l'exemple des *Lois* de Platon. Qu'est-ce qui explique l'intérêt que portèrent les philosophes arabes aux *Lois* ? Furent-ils dirigés par le simple souci de restituer le sens du dialogue platonicien pour lui-même ou y trouvèrent-ils l'aiguillon propre à stimuler leur réflexion sur les enjeux que leur présentait leur époque ?

1. Mushin Madi, *Al-Farabi and the Foundation of Islamic Political Philosophy*, Londres/Chicago, The University of Chicago Press, 2001, p. 3.

Si l'on choisit la première solution, les philosophes endossent le rôle de conservateurs. Si l'on préconise la seconde solution, deux interprétations sont possibles, qui correspondent à deux conceptions très différentes de la philosophie politique. Selon la première, les *Lois* fournissent aux philosophes le modèle d'un examen philosophique des lois religieuses, en leur appliquant des critères universels de rationalité afin d'apporter une justification rationnelle au nouvel ordre politico-religieux[1]. C'est la lecture qu'Avicenne invite à faire dans *Sur la division des sciences rationnelles*, en expliquant que les *Lois* sont un texte sur la prophétie et la loi divine :

> Selon les philosophes, le *nomos*[2] est la loi et la norme établie, et rendue permanente par la révélation. Les Arabes, eux aussi, nomment l'ange qui apporte la révélation un *nomos* [*nāmūs*]. Cette partie de la philosophie pratique fait connaître la nécessité de la prophétie, et que l'espèce humaine a besoin de la loi divine pour exister, être préservée et se développer. Elle fait connaître la part de sagesse présente dans les commandements divins qui sont communs à toutes les lois divines, et dans ceux qui sont spécifiques à chaque loi particulière, qui s'applique à un peuple et à une époque donnés[3].

Selon la seconde interprétation, les *Lois*, et en particulier le commentaire des *Lois*, sont l'occasion d'élaborer une nouvelle conception de la loi, fondée sur les universaux pratiques. Il semble bien que ce soit l'objec-

---

1. Voir Leo Strauss, *Qu'est-ce que la philosophie politique ?*, trad. Olivier Seyden, Paris, PUF, 1992, p. 140.
2. *Nomos* est le terme grec qui désigne la loi dans le dialogue de Platon.
3. Avicenne, *Sur la division des sciences rationnelles*, in Ralph Lerner et Mushin Mahdi, *Medieval Political Philosophy. A Sourcebook*, Ithaca/New York, Cornell University Press, 1993, p. 97 (nous traduisons).

tif poursuivi par al-Fārābī dans son *Compendium des* Lois.

Pour al-Fārābī, l'objet premier de la philosophie politique est la cité vertueuse, qui n'est pas une cité existante mais un modèle normatif auquel comparer les cités existantes, à la manière de la *République* platonicienne. Le législateur est un éducateur : de même que le médecin soigne les corps, il est celui qui soigne les âmes. Il connaît les parties de l'âme et sait comment y implanter la vertu et en éloigner les vices.

La partie principale de la philosophie politique correspond ainsi à la science politique, qui désigne le savoir que doit posséder le législateur. Il correspond au savoir des genres de vie « dont l'usage parmi les cités ou les nations leur permet de développer leur lieu d'habitation et procure à ses habitants les biens dans cette vie-là et la félicité ultime dans celle de l'au-delà[1] ». Lorsqu'il possède ce savoir, le gouvernement est vertueux. Sinon, il est ignorant. Il existe quatre types de cités ignorantes pour al-Fārābī, en fonction du but auquel sont soumis leurs habitants : la recherche de la richesse, du plaisir, de l'honneur ou de la domination[2].

Avec Ibn Bāǧǧa, la philosophie politique quitte le domaine du modèle idéal pour faire porter son poids sur les cités imparfaites[3]. Dans ce contexte, l'évolution du terme de « pousse » est significative[4]. Al-Fārābī introduit la notion de pousse pour parler d'hommes qui, au sein même de la cité vertueuse, témoignent de dispositions vicieuses. C'est le cas par exemple des « opportunistes »,

1. Al-Fārābī, *Le Livre de la religion*, *op. cit.*, p. 67.
2. *Id.*, Le *Régime politique*, éd. Fauzi M. Najjar, Hyderabad, p. 59-73 ; trad. anglaise, Ralph Lerner et Mushin Mahdi, *Medieval Political Philosophy*, *op. cit.*, p. 43-53.
3. Ibn Bāǧǧa, *La Conduite de l'isolé...*, *op. cit.*, p. 36-40.
4. *Ibid.*, p. 40.

qui adoptent les actions menant au bonheur, non pour atteindre le bonheur, mais visent des buts seconds, comme les honneurs, le pouvoir ou la richesse, auxquels un comportement en apparence vertueux peut les conduire plus facilement. D'autres, afin de poursuivre leurs objectifs vicieux, interprètent malicieusement les commandements du législateur[1]. Chez Ibn Bāǧǧa, les pousses désignent les personnes désireuses d'atteindre la vertu alors même qu'elles habitent une cité imparfaite. Cette nouvelle inflexion place au cœur de la philosophie politique le problème de la place du philosophe dans la cité imparfaite.

1. Al-Fārābī, *Le Régime politique*, *op. cit.*, p 74-75 ; trad. anglaise, *op. cit.*, p. 54.

1

Comment gouverner ? Les moyens de la science politique

Quels sont les moyens de la science politique ? Dans *Le Livre de la religion*, le premier moyen de la science politique, c'est bien entendu le gouvernement. S'il est vertueux, il a pour objectif d'éduquer les citoyens de manière à implanter dans leurs âmes les *habitus* qui les mèneront au bonheur. Il agit alors à la manière du médecin : de même que le médecin ne doit pas seulement posséder la science médicale, mais doit également savoir guérir des individus, le législateur, en plus des notions universelles, doit acquérir, à la faveur de l'expérience, la capacité d'adapter ces notions universelles à l'époque et au lieu où il se trouve. Les lois d'une communauté donnée sont ainsi les instances particulières des universaux pratiques. Tel est le savoir nécessaire au gouvernement premier, en entendant ce terme non pas au sens chronologique mais logique : le gouvernement premier est celui qui fonde le nouveau régime politique. À ce gouvernement fait suite un autre gouvernement, qui n'est pas forcé de connaître de manière aussi excellente que le premier les modes de vie vertueux. Il est déjà assez rare qu'un premier législateur vertueux apparaisse, sans compter son successeur. Pourtant, cette dévaluation du premier au second législateur n'est pas synonyme de la corruption du régime, tant que les gouvernements qui font suite au premier maîtrisent l'art de la jurisprudence, c'est-à-dire l'art d'adapter les mesures prises par le premier gouvernement au nouveau contexte historique. L'art de la jurisprudence n'interdit pas l'innovation dans les lois, à condition de maîtriser quelques règles de base, telles que le mensonge politique. Les textes présentés montrent que, avec al-Fārābī, la religion est subordonnée à la philosophie politique, dont elle présente des images capables de convaincre la foule. La religion devient ainsi, elle aussi, un moyen de gouverner. Cependant, comme l'explique Averroès dans le *Discours décisif*, elle ne saurait demeurer un moyen efficace de gouverner que si l'interprétation philosophique des textes révélés demeure cachée à la foule. Comme le mensonge, la dissimulation est un outil que le législateur doit savoir manier.

Le premier législateur et ses successeurs

Le thème de la succession est cher à al-Fārābī, qui l'étudie notamment dans le *Livre de la religion*. Le « premier législateur » est premier au sens chronologique, mais aussi et surtout logique : il est celui qui fonde la cité. S'il est vertueux, les lois le sont aussi. Mais le législateur est un être fini : il laisse des affaires à réglementer, d'une part, et des règlements à modifier, en fonction de « ce qui est le plus correct de son temps », d'autre part.

Ce sont sur ces deux domaines qu'interviennent les successeurs du premier législateur, qui peuvent l'imiter, s'ils sont aussi excellents que le premier, ce qui est rare, ou simplement appliquer les réglementations du premier aux nouveaux cas. La jurisprudence est le nom que reçoit cette application.

§ 7. Il peut s'attacher ou advenir accidentellement que le premier gouvernant ne réglemente pas et n'épuise pas toutes les actions, tout en réglementant la plupart d'entre elles. Il peut aussi s'attacher à lui, dans une partie de ce qu'il règle, qu'il n'en épuise pas toutes les clauses. Il est alors possible qu'il reste un grand nombre d'actions qui devraient être réglementées et qui ne sont pas réglementées pour des raisons accidentelles, soit parce que le trépas l'a emporté et a réclamé sa dette avant qu'il ait tout parcouru, soit à cause d'occupations nécessaires, guerres et autres, qui l'ont entravé, soit parce qu'il ne réglementait les actions qu'au fur et à mesure des événements et des incidents dont il était témoin ou sur lesquels on venait le questionner : alors, il réglementait, légiférait et instituait ce qu'il faut faire lors d'événements de cette espèce, mais tous les incidents ne sont pas advenus de son temps, ni dans la contrée où il se trouvait, et il est ainsi bien des choses qui ont licence d'advenir en un autre temps ou en une autre contrée, où l'on a besoin d'une action définie et réglementée à propos de cet incident où il n'a rien légiféré. Ou bien il se décide pour les actions dont il suppose ou sait que ce sont des principes qui mettent autrui à même d'en déduire le reste, légifère à leur sujet la qualité et la quantité selon lesquelles il faut les accomplir et délaisse le reste en sachant qu'un autre est capable de le déduire s'il adopte son objectif et suit son exemple. Ou bien il est d'avis de commencer la législation et de réglementer les choses de la plus haute importance, de la plus grande utilité et de la valeur et de l'efficace les plus fortes pour agglomérer la cité, la lier et l'ordonner : il ne légifère alors que sur ces dernières et laisse le reste, soit pour un moment de loisir, soit pour qu'un autre soit à même de les déduire, soit de son temps, soit après lui, s'il suit son exemple.

§ 8. Ainsi, si lui succède, après son décès, un homme semblable à lui à tous égards, c'est ce successeur qui règle ce que le premier n'avait pas réglé. Et les choses ne s'arrêtent pas là, mais il a aussi licence d'altérer bien des choses légiférées par le premier et de les régler selon un autre règlement, s'il sait que ce dernier est le plus concret de son temps, non pas parce que le premier se serait trompé, mais parce que le premier les avait réglementées d'après ce qui était le plus concret en son temps, qu'il les règle d'après ce qui est le plus concret après son temps et que cela relève de ce dont, si le premier en avait été témoin, il l'aurait altéré lui aussi. De même s'il en succède au deuxième un troisième, semblable au deuxième à tous égards, et au troisième un quatrième : le suivant a licence de régler de sa propre initiative ce qu'il ne trouve pas avoir été réglé, et il a liberté d'altérer ce que son prédécesseur a réglé, parce que son prédécesseur, s'il était resté, aurait altéré lui aussi ce qu'a altéré son successeur.

§ 9. En revanche, lorsque l'un de ces prêtres pieux qui sont les rois réels trépasse sans que lui succède un homme semblable à lui à tous égards, ce dernier homme a besoin, pour tout ce qui se fait dans les cités qui se trouvaient sous le gouvernement de son prédécesseur, de suivre dans la réglementation l'exemple du précédent, sans diverger ni altérer, et que tout ce que le précédent avait réglé reste en place. Il considère alors tout ce qui a besoin d'être réglé parmi ce que le prédécesseur n'avait pas explicité, le découvre et le déduit à partir de ce que le premier avait explicité en réglementant, et c'est ici que l'on se trouve contraint à l'art de la jurisprudence, savoir celui qui sert à un homme à déduire et à découvrir selon une réglementation valide chacune des choses que le législateur n'avait pas explicitée dans sa définition, à partir de ce dont il a explicité la réglementation, et la vérification de cela eu égard à l'objectif qui était celui du législateur pour la totalité de la religion pour la nation qui n'avait pas de législation. Et cette vérification ne peut avoir lieu s'il n'y a un homme dont la croyance sur les opinions de cette religion est valide et qui est vertueux des vertus en cette religion. Et l'homme qui est ainsi fait est un juriste.

Al-Fārābī

Al-Fārābī, *Le Livre de la religion*, trad. Stéphane Diebler, *Philosopher à Bagdad au X*[e] *siècle*, Paris, Seuil, « Points Essais », 2007, p. 54-59.

L'innovation dans les lois et le mensonge politique

Pour al-Fārābī, les lois ne constituent pas un ensemble de préceptes immuables. En effet, elles sont des instanciations particulières de principes pratiques universels et, en tant que telles, elles doivent être adaptées au temps et aux circonstances. Cependant, l'innovation dans les lois réclame une certaine dose de stratégie politique, comme il le montre dans le *Compendium des* Lois, avant d'aller jusqu'à justifier le mensonge politique comme moyen de gouverner.

§ 82. Il a entrepris, dans ce traité, de faire voir ce qu'il en est des formules à se remémorer que les législateurs ne peuvent se passer d'établir afin que l'on puisse s'y référer, de leur temps et après que les jours de leur vie seront passés. Il a évoqué la nécessité de cela en un discours abondant, puis il les a divisées et a dit qu'il y en a qu'ils publient dès le premier moment où ils révèlent leurs affaires, qu'il en est qu'ils produisent au fur et à mesure, et qu'il en est qu'ils produisent en bloc à la fin, après avoir achevé la législation, l'agencement de leurs prescriptions et l'établissement de leur droit. Ensuite, il a évoqué le fait que celui qui est publié dès le premier moment ressemble à la fausse monnaie, parce qu'il peut arriver qu'il ait besoin d'altérer et de modifier les choses au fur et à mesure, ainsi que cela a déjà été évoqué quelque part dans ce livre, et qu'il peut donc arriver que cela soit vu comme un défaut aux yeux des enfants et des inexpérimentés en matière de droit. Quant à ce qui est produit peu à peu, cela est bel et bon, et celui qui est produit à la fin est le plus beau, et sa précaution est éloquente.

§ 83. Et il a évoqué le fait que leurs énoncés doivent être tels qu'ils ne puissent léser le droit d'aucune des personnes qui les méditent et cherchent à en saisir le sens. Ensuite, il a développé ce point au moyen d'exemples empruntés au discours des poètes, qui avaient jugé les énoncés de certains législateurs anciens en s'émerveillant de la manière dont ce petit nombre de mots embrassaient des notions nombreuses. Ensuite, il a entrepris de faire voir qu'il peut arriver que ces énoncés soient insolites et que les citoyens aient besoin de les étudier et de faire effort pour les mémoriser, et qu'il peut arriver qu'ils soient banals et relèvent de l'ensemble de ce que les citoyens connaissent. Et il illustra cela avec des exemples pris dans des livres anciens connus à cette époque.

§ 84. Ensuite, il a effectué une digression pour évoquer les diverses sortes de choses qui y doivent être établies, en effectuant une sélection condensée de la meilleure manière qui soit. Viennent ensuite les prêcheurs qui permettent que les citoyens, lorsqu'ils les entendent, se montrent plus souples à accueillir <les législateurs>, soient déférents et s'affligent, et qui produisent en leur cœur douceur et déférence. Ensuite, il a développé cela au moyen de fables dont les citoyens se servent pour parler, ou bien d'hommes qui sont déjà décédés, dont les traces se sont effacées et dont il ne reste que le nom, ou bien d'animaux et de leurs dispositions, puis des merveilles qui stupéfient la compréhension et, parmi les profits procurés par ces merveilles, il a décrit des choses admirables, dont l'une est le penchant qui est dans la nature des inexpérimentés et de la plupart des gens pour ce qu'ils connaissent de leurs énoncés, sans en pénétrer cependant la profondeur sinon avec peine, une autre l'admiration qu'ils manifestent pour l'extraordinaire, et une autre encore la permanence conférée à la loi par la permanence de l'étude où l'on se plonge pour extraire les notions de ces merveilles. À la suite de cela, il a évoqué des livres qui étaient bien connus parmi les gens de ces cités et dans les notions desquels ils se plongeaient, ce qui était un fait célèbre au point d'être évoqué par les poètes dans leurs poésies comme Homère et d'autres.

§ 85. Ensuite, il a abordé une autre notion, qu'il a fait voir dans un discours abondant, à savoir que le législateur se doit d'imposer aux gens de cette cité de garder ces énoncés en mémoire et de les apprendre, et de placer cela parmi les prescriptions les plus importantes de la loi.

§ 86. Ensuite, il a entrepris d'évoquer une autre notion à propos des législateurs, à savoir qu'aucun d'eux ne doit critiquer ce qui a été développé par le législateur qui est venu avant eux : ainsi, si une nécessité l'invite à altérer quelque chose parmi les prescriptions des lois antérieures, qu'il critique les modifications apportées par les gens de ces cités à ce qu'avaient développé les législateurs, ainsi que les falsifications introduites dans leur droit et dans leurs règlements, et ensuite l'entreprise de modification ne s'en fait que mieux, et il s'est étendu sur ce chapitre.

§ 87. Ensuite, il a entrepris de faire voir ce qu'il en est des législateurs qui surviennent par la suite, et il a évoqué le fait que, lorsque le législateur mentionne explicitement la venue d'un autre après lui, il préoccupe l'esprit des citoyens (et particulièrement des inexpérimentés) et leur cœur par l'attente, et cela les invite à ne pas désirer s'attacher à ce qu'il leur propose. Ensuite, il a fait voir qu'il doit se garder au plus haut point de prétendre qu'il n'y aura absolument et en aucune façon aucun législateur après lui, car, si ce bruit se répand à son sujet et que les gens voient ensuite apparaître quelqu'un d'autre après lui avec le passage du temps, cela les invite à repousser toutes les lois, sa loi, la loi qui l'a précédée et celle qui l'a suivie, à les tenir pour fausses et à les rejeter. Il lui faut donc adopter avec eux une voie intermédiaire entre la dénégation et l'assertion, en évoquant explicitement, par exemple, l'apparition de quelqu'un qui l'assistera, lui ainsi que sa loi, quand ces prescriptions et ce droit se seront estompés avec la longueur du temps et la corruption des gens, et, si on lui demande s'il sera pareil à lui en vertu, qu'il le nie, car cela ne lui fait pas tort. Et il a développé ce point au moyen d'exemples empruntés aux gens de ces cités et à leurs législateurs.

§ 88. Ensuite, et après cela, il a entrepris de faire voir que le droit est de deux sortes, une sorte qui est particulière à chaque législateur dans l'urgence du moment, c'est-à-dire eu égard aux besoins de leur temps, à la situation de leur cité, et un droit qui ne s'altère ni ne se modifie et qui est naturel. Il s'est alors étendu sur ce chapitre et a développé ce point au moyen d'exemples de gens proches qui désavouent les bienfaits rendus et d'autres.

Al-Fārābī

Al-Fārābī, *Compendium des* Lois, trad. Stéphane Diebler, *Philosopher à Bagdad au Xe siècle*, Paris, Seuil, « Points Essais », 2007, p. 176-179.

L'interprétation conduit celui qui ne peut la comprendre à l'infidélité

Dans le *Discours décisif*, après avoir défendu la possibilité d'une lecture philosophique du texte révélé, Averroès procède à une mise en garde : livrer cette interprétation à qui n'appartient pas à la catégorie des hommes capables de la comprendre est une infidélité. Il ne faut donc rien dire à la foule, qui réclame cette interprétation.

§ 56. Exposer quelqu'une de ces interprétations à quelqu'un qui n'est pas homme à les appréhender – en particulier les interprétations démonstratives, en raison de la distance qui sépare celles-ci des connaissances communes – conduit tant celui à qui elle est exposée que celui qui les expose à l'infidélité. La raison en est que l'interprétation suppose deux choses : l'invalidation du sens obvie et l'avènement du sens dégagé par l'interprétation. Si le sens obvie est invalidé aux yeux de qui est homme à assentir à l'obvie sans que ne s'avère pour autant, pour lui, le sens dégagé par l'interprétation, cela le conduira à l'infidélité s'il s'agit d'un des principes <dogmatiques> fondamentaux de la loi révélée. Les interprétations ne doivent donc pas être révélées à la foule, ni couchées par écrit dans les livres rhétoriques ou dialectiques – c'est-à-dire des livres qui contiennent des arguments de ces deux sortes –, ce qu'a fait Abū Ḥāmid[1].

§ 57. C'est pourquoi il faut expliquer et dire à propos des énoncés de sens obvie dont le fait qu'ils doivent être

1. C'est-à-dire al-Ghazālī.

pris au sens obvie est susceptible de poser problème à tout un chacun, mais dont tout un chacun ne peut <et ne doit> connaître l'interprétation, qu'il s'agit là d'un de ces énoncés équivoques dont Dieu seul connaît le sens, et qu'il convient en l'occurrence de placer la pause à « Nul n'en connaît l'interprétation sinon Dieu[1] ». C'est la même chose aussi qu'il faut répondre à une question qui serait posée à propos d'un de ces problèmes obscurs à la compréhension desquels la foule n'a pas accès, à l'instar de ce que déclare l'énoncé divin : « Ils t'interrogent au sujet de l'esprit. Dis : "L'esprit est du fait de mon Seigneur" ; et il ne vous a été donné que peu de science[2]. »

Averroès

Averroès, *Discours décisif*, § 56-57, trad. Marc Geoffroy, Paris, Flammarion, « GF », p. 157-159.

---

1. Coran III, 7. Selon une autre lecture de ce verset, défendue plus haut par Averroès, on lira : « Nul n'en connaît l'interprétation, sinon Dieu et les hommes d'une science profonde. »

2. Coran XVII, 85. Averroès invoque ce verset pour affirmer que la psychologie en général est un domaine de connaissance réservé à l'élite [*NdT*].

2

Religion et philosophie politique : qui doit organiser la cité ?

L'apparition de la philosophie politique avec al-Fārābī suscite une question majeure. Tout d'abord, quel est le rôle de la philosophie politique dans le contexte historique, nouveau par rapport aux Grecs, des religions révélées ? Cette question porte sur les rapports entre la notion universelle de loi et celle de loi religieuse. Il faut d'ores et déjà remarquer que la loi religieuse (*šarī'a*), sous la plume d'al-Fārābī comme de celle des philosophes qui lui succédèrent, ne désigne pas seulement ni avant tout l'islam, mais la loi religieuse en général.

Pour al-Fārābī, la religion est d'abord ce qui relie les hommes au sein d'une organisation politique particulière. Entendue en ce sens, la religion se nomme *milla*, par opposition à *dīn*, la religion au sens de la foi. *Milla* désigne ainsi une entité politique :

Une religion, ce sont des opinions et des actions réglementées et rattachées à des clauses, que prescrit le premier gouvernement d'un groupe de gens, en revendiquant d'acquérir, à la faveur de leur adoption par eux, un objectif défini qu'il a sur eux ou grâce à eux. Ce groupe peut être un clan, ce peut être une cité ou un district, ce peut être une nation immense, ce peut être une pluralité de nations[1].

Or la religion est avant tout, pour al-Fārābī, un moyen pour le gouvernant d'enraciner les opinions et les actions dans l'âme des citoyens, grâce à des images : elle constitue le versant dialectique et rhétorique de la philosophie pratique (p. 70-71). La religion vertueuse dépend ainsi d'une philosophie parfaite. Cependant, lors du transfert d'une religion d'un lieu à un autre, la religion parfaite peut paraître déliée des vérités spéculatives et entrer en opposition avec la philosophie.

1. Al-Fārābī, *Le Livre de la religion*, *op. cit.*, p. 43.

Sur l'opposition entre religion et philosophie

La religion, dans le meilleur des cas, dépend d'une philosophie parfaite. Mais il peut arriver qu'elle soit transmise d'une nation à une autre en étant déliée de la philosophie, qui arrive par la suite. Dans ce cas, il est probable que philosophie et religion entreront en opposition. Al-Fārābī vise-t-il à exprimer dans le dernier paragraphe la situation de la philosophie à son époque ?

147. Si la religion vient à la suite de la philosophie, qui a été achevée une fois tous les arts syllogistiques distingués les uns des autres, selon la manière et l'ordre que nous avons décrits[1], il s'agira d'une religion éminemment véridique. Mais si la philosophie n'est pas encore devenue démonstrative et certaine au plus haut point, et si ses opinions continuent d'être vérifiées par des moyens rhétoriques, dialectiques ou sophistiques, il est possible qu'elle contienne, dans son ensemble, dans son cœur ou dans sa plus grande partie, des opinions de part en part mensongères qui ne sont pas ressenties comme telles. Il s'agirait alors d'une philosophie présumée ou feinte. Si une religion est créée à la suite de cette philosophie, de nombreuses opinions mensongères s'y trouveront. Ensuite, si un grand nombre de ces opinions mensongères sont suggérées par des images et que ces images prennent leur place, comme le font les religions avec ce qu'il est difficile pour la multitude de se représenter, <ces opinions> seront encore plus éloignées de la vérité, et il s'agira d'une religion corrompue, sans que

1. Voir p. 56-58.

cette corruption ne soit ressentie comme telle. Elle sera encore plus corrompue si vient après cela un législateur qui n'extrait pas les opinions <contenues> dans sa religion de la philosophie qui se trouve établie à son époque, mais s'il prend les opinions exposées dans la première religion car il pense que là est la vérité. Dès lors, il les suggérera par des images, adoptera leurs images et il les enseignera à la multitude. Si vient après cela un autre législateur et qu'il suit ce second législateur, la corruption sera encore plus grande. La religion véridique est établie dans une nation quand elle est établie de la première manière, alors que la religion corrompue est établie dans une nation quand elle est établie de la seconde. Cependant, dans les deux cas, la religion vient après la philosophie. Soit elle vient après la philosophie certaine qui est véritablement la philosophie, soit elle vient après la philosophie présumée qui présume qu'elle est une philosophie sans qu'elle en soit véritablement une. C'est le cas lorsqu'elle s'origine chez les membres de cette nation dans leurs dispositions propres, leurs facultés et leurs âmes.

148. La religion peut aussi être transmise par une nation qui avait cette religion à une autre nation qui n'avait pas de religion ; ou une religion qu'avait une certaine nation peut être adoptée et réformée par addition, soustraction ou quelque autre changement, puis donnée à une autre nation, dont les membres seront dès lors éduqués, enseignés et conduits par elle. Il est alors possible que la religion soit établie avant l'apparition de la philosophie, et même avant l'apparition de la dialectique et de la sophistique. Quand la philosophie ne s'origine pas dans les dispositions propres des gens d'une nation, mais qu'elle est transférée chez eux à partir d'un autre peuple qui l'avait avant eux, il est possible

que la philosophie soit instituée chez eux après l'établissement de la religion qui leur a été transmise.

149. Si la religion vient à la suite d'une philosophie parfaite, et si les contenus théoriques qui s'y trouvent n'y sont pas exposés comme ils le sont dans la philosophie, grâce aux termes qui les expriment, mais que des images sont adoptées à la place, soit dans leur ensemble, soit pour la plus grande partie, cette religion peut être transmise à une autre nation sans que ses membres sachent qu'elle fait suite à une philosophie, ni qu'elle contient des images de contenus théoriques vérifiés dans la philosophie par des démonstrations certaines. Au contraire, cela peut être passé sous silence, si bien qu'ils supposent que les images que cette religion renferme correspondent à la vérité et que ce sont là les contenus théoriques eux-mêmes. Si la philosophie à laquelle fait suite cette religion et dont elle tire son excellence leur est ensuite transmise, on ne peut être assuré que la religion ne s'opposera pas à cette philosophie ni que ses partisans ne lui résisteront pas et ne la rejetteront pas. Les partisans de la philosophie résisteront aussi à cette religion, car ils ne sauront pas que cette religion présente les images de ce qui est contenu dans la philosophie. Quand ils apprendront que ce sont les images de ce qui est contenu dans la philosophie, ils ne lui résisteront plus. Mais les partisans de la religion <continueront de> résister aux partisans de cette philosophie. La philosophie et ses partisans n'auront pas d'autorité sur cette religion ni sur ses partisans, au contraire celle-là sera rejetée et ses partisans le seront aussi, et la religion ne trouvera pas un grand soutien auprès de la philosophie. On ne peut non plus être assuré que cette religion et ses partisans ne nuiront pas profondément à la philosophie et à ses partisans. Dans ce cas, les partisans de cette philosophie pourraient être

forcés de résister aux partisans de la religion afin de se protéger eux-mêmes. Mais ils veilleront à ne pas résister à la religion elle-même, mais à l'opinion de ses partisans selon laquelle la religion s'oppose à la philosophie, et ils s'efforceront de les libérer de cette opinion en cherchant à leur faire voir que ce que leur religion contient correspond à des images de ce que la philosophie contient.

Al-Fārābī

Al-Fārābī, *Livre des Lettres*, éd. inédite Mushin Mahdi, copie de l'Institut français du Proche-Orient, Damas, 1985-1990, chap. XXIV, § 147-149, p. 91-93.
La traduction est nôtre.

Le prophète, un être doté d'une imagination parfaite

Al-Fārābī confère deux fonctions à l'imagination : elle retient les images des sensibles après que les objets ont cessé d'être perçus par les sens et « elle dispose de ces images, les sépare parfois les unes des autres et les combine, formant ainsi indéfiniment de nombreuses espèces de composés, les unes fausses et les autres vraies ». Lorsqu'elle est affectée par l'intellect agent, l'imagination peut recevoir directement des intelligibles dont la place se trouve habituellement dans la raison théorique, et des particuliers dont la place se trouve habituellement dans la raison pratique. Le prophète occupe le plus haut rang au sein de ces visionnaires.

Lorsque la puissance imaginative imite ces données <de l'intellect agent> par les sensibles d'une beauté et d'une perfection ultimes, celui qui voit cela dira que Dieu possède une grandeur majestueuse et admirable ; il verra des choses prodigieuses qui ne peuvent absolument point se rencontrer dans les autres êtres. Il n'est pas impossible que l'homme, dont la puissance imaginative atteint son dernier achèvement, reçoive de l'intellect agent à l'état de veille les particuliers présents et futurs ou leurs sensibles imitateurs, ainsi que les imitations des intelligibles séparés et de tous les autres êtres supérieurs, et qu'il les voie. Il aura alors, grâce aux intelligibles qu'il reçoit de la sorte, la prophétie des choses divines. C'est là le plus haut degré auquel parvient la puissance imaginative.

<Puis viennent successivement> à des degrés inférieurs : celui qui voit toutes ces choses les unes à l'état de veille et les autres pendant le sommeil ; celui qui s'imagine toutes ces choses sans les voir de ses yeux ; celui qui les voit pendant son sommeil seulement. Les propos par lesquels ces <personnes> s'exprimeront seront des propos imitatifs, des symboles, des énigmes, des substitutions, des comparaisons. Ces <personnes> diffèrent entre elles beaucoup <dans chaque groupe> : certaines reçoivent les particuliers, les voient à l'état de veille seulement et ne reçoivent point les intelligibles ; d'autres reçoivent les intelligibles, les voient à l'état de veille et ne reçoivent point les particuliers ; d'autres ne reçoivent et ne voient <de ces particuliers et intelligibles> qu'une partie seulement ; d'autres voient certains <particuliers et intelligibles> à l'état de veille et ne reçoivent point certains autres pendant leur sommeil ; d'autres ne reçoivent rien à l'état de veille, mais seulement pendant leur sommeil, recevant alors les particuliers à l'exclusion des intelligibles ; d'autres reçoivent certains de ceux-ci et de ceux-là ; d'autres, <enfin>, et ce sont les plus nombreux, reçoivent certains particuliers seulement. Les hommes se hiérarchisent encore de ce point de vue.

Toutes ces <données> viennent aider la puissance rationnelle. Cependant, des événements peuvent modifier le tempérament de l'homme et le disposer à recevoir de l'intellect agent certaines de ces <données> parfois à l'état de veille, parfois pendant le sommeil. Cette <disposition> peut durer longtemps chez les uns, et chez les autres un moment puis disparaître. L'homme est également sujet à des événements qui corrompent son tempérament et ses imaginations ; il voit alors des choses composées par la puissance imaginative des manières précitées, choses qui n'existent pas ni n'imitent un être quelconque. Tel est le cas des hypocondriaques, des fous et de leurs semblables.

Al-Fārābī

Al-Fārābī, *Idées des habitants de la cité vertueuse*, trad. R. P. Jaussen, Y. Karam et J. Chlala, Le Caire, IFAO, 1949, p. 74-75.

Le prophète-législateur

Avicenne reprend à son compte la distinction aristotélicienne entre « vivre » et « bien vivre » : pour « bien vivre », c'est-à-dire pour développer au mieux ses facultés, l'homme doit se regrouper en communauté. Cette association passe par des accords ou des conventions avec ses semblables. Alors que pour al-Fārābī, par exemple, le chef n'est pas forcément un prophète, Avicenne donne à ce dernier la responsabilité de faire les lois, et donc de fonder la cité.

Nous disons maintenant : on sait que l'homme se distingue des autres animaux en ce qu'il ne peut pas bien vivre s'il vit solitaire, une seule personne vaquant par lui-même à toutes ses occupations sans compagnon qui l'aide dans les nécessités de ses besoins. Il faut donc que l'homme trouve sa suffisance dans un autre de son espèce qui, à son tour, trouve en lui et en son semblable sa suffisance. Celui-ci, par exemple, fournira les légumes à celui-là, et celui-là fera son pain à celui-ci ; un tel fera de la couture pour tel autre, qui lui fournira l'aiguille de telle sorte que, réunis, ils se suffisent mutuellement. C'est pour cette raison qu'on a été obligé de fonder les villes et les sociétés.

Aussi, celui qui, parmi les hommes, n'a pas pris soin de fonder sa cité selon les conditions <requises> pour la cité mais s'est contenté, avec ses compagnons, de former un groupement seulement, en arrivera à avoir un genre de vie éloigné de celui des hommes, privé des perfections humaines ; et malgré cela ses compagnons seront obligés de se réunir et d'imiter les citadins.

Si cela est évident, il est donc nécessaire, pour l'existence de l'homme et sa conservation, qu'il s'associe avec d'autres. Or pour réaliser une association, il faut des conventions réciproques comme il faut également d'autres nécessités qui y conduisent.

Il faut pour les conventions une coutume et de la justice. La loi et la justice demandent un législateur et un exécuteur de la justice. Il faut que celui-ci soit de telle sorte qu'il puisse s'adresser aux peuples, et leur imposer la loi. Aussi, il faut qu'il soit un homme. Il ne faut pas qu'il laisse les hommes <agir> en ce point selon leurs propres idées, car alors ils auront des sentiments divers et chacun jugera que ce qui lui est dû est juste et que ce qu'il doit est injuste. La nécessité d'un tel homme pour conserver l'espèce humaine et la multiplier est plus urgente que la nécessité pour les poils de pousser sur les lèvres et les sourcils, ou que la concavité de la plante des pieds et d'autres utilités qui ne sont pas nécessaires pour la permanence ; tout au plus sont-elles utiles à celle-ci.

Que puisse exister l'homme vertueux capable de légiférer et d'être juste, cela est possible comme nous l'avons vu[1]. Il n'est dès lors pas possible que la Providence première exige ces utilités-là, et n'exige pas celles-ci qui sont leur fondement. <On ne peut pas non plus admettre> que le Premier Principe et les Anges après lui connaissent les premiers et ne connaissent pas celles-ci, ni que ce que <le Premier> connaît dans l'ordre du bien, dont l'existence est possible et la production nécessaire pour faciliter l'ordre du bien, n'existe pas.

1. Dans les parties V et VI du traité « De l'âme » du *Livre de la guérison*, Avicenne a montré comment les multiples modes de la prophétie se fondent sur la totalité des puissances de l'âme, entre autres l'imagination et l'intellect.

Bien plus, comment se peut-il qu'il n'existe pas, alors que ce qui dépend de son existence et est basé sur son existence existe ? Il faut donc qu'existe un Prophète et il faut qu'il soit un homme. Il faut, de plus, qu'il y ait une particularité qui ne se trouve pas dans tous les hommes, de sorte que les hommes se rendent compte qu'il y a en lui quelque chose qui ne se trouve pas en eux et qui servirait à le distinguer d'eux. Il pourra donc faire les prodiges que nous avons mentionnés.

Cet homme, quand il vient à exister, il doit instituer des lois pour les hommes, en ce qui concerne leurs affaires, avec la permission de Dieu – qu'Il soit exalté –, et grâce à Son commandement, Son inspiration, et la descente de l'Esprit saint sur lui.

Le premier principe selon lequel il légiférera sera celui-ci : il leur fera connaître qu'ils ont un seul créateur puissant, et qui connaît ce qui est caché et ce qui est manifeste ; ayant le droit que ses ordres soient obéis. Il faut que le commandement revienne à celui qui a créé. Et il a préparé à celui qui a obéi le retour béatifiant, et pour ceux qui lui désobéissent le retour malheureux, afin que le peuple entier écoute et exécute avec docilité les ordres qui sont révélés par Dieu et ses Anges, par la bouche du <Prophète>.

Il ne faut pas qu'il les occupe, en ce qui concerne la connaissance de Dieu, de quelque chose de plus que ceci : Il est un, vrai, n'ayant pas de semblable. Mais s'Il va avec eux plus loin, jusqu'à exiger d'eux de croire à son existence, mais sans qu'Il soit dans un lieu désigné, qu'Il n'est pas divisé par la Parole, qu'Il n'est ni extérieur à l'Univers ni à l'intérieur de quelque chose de ce genre, alors le travail <pour comprendre cela> leur paraîtra trop lourd et troublera la religion qu'ils ont. Il les ferait tomber dans une situation telle que seul pourra en sortir celui qui est aidé et béni par Dieu. L'existence <de telles preuves> est exceptionnelle et très rare. Ils ne peuvent se représenter ces situations selon leur <véritable> objet qu'avec beaucoup d'efforts ; et c'est seulement un petit nombre d'entre eux qui peuvent se représenter la vérité de cette unicité divine et de la *via remotionis*[1]. Aussi ne tarderaient-ils pas à nier une telle existence et à tomber dans des dissensions. Ils s'adonneraient alors à des recherches et des comparaisons qui les détourneraient de leurs travaux civiques. Parfois même cela les fera tomber dans des idées contraires au bien de la cité et contraires à la vérité due. Leurs doutes et objections augmenteront et il deviendra difficile au <législateur> de les contrôler. Ce n'est pas à tout le monde que les choses sont rendues faciles dans la sagesse divine.

De même il ne convient pas <au législateur> de montrer qu'il garde par-devers lui une vérité qu'il cèle au peuple, il faut même qu'il défende qu'on insinue pareille possibilité. Qu'il leur fasse, au contraire, connaître la majesté de Dieu et Sa grandeur au moyen de symboles et d'exemples pris parmi les choses qui auprès d'eux sont majestueuses et grandes. Qu'il ne leur donne cependant qu'une certaine mesure, à savoir qu'il n'y a rien de comparable à Dieu, qu'Il n'a ni associé ni semblable.

De même, il faut qu'il établisse à leurs yeux la question du retour[2] d'une manière qui leur permette de se représenter sa modalité, de façon que leur esprit trouve son repos. Qu'il donne des exemples de la félicité et de

---

1. La *via remotionis* désigne la « voie négative » pour connaître Dieu et ses attributs : plus le discours écarte d'attributs de Dieu, plus il s'en approche.

2. *Amr al-ma'ād.* Il s'agit du retour de l'âme et du corps, ou de l'âme seulement, après la mort.

l’infélicité qu’ils puissent comprendre et se représenter. Quant à la vérité en cette question, il ne doit leur en donner qu’un aperçu sommaire, à savoir que c’est quelque chose qu’aucun œil n’a vu, ni qu’aucune oreille n’a entendu, et qu’on y éprouve un plaisir tel que c’en est une immense royauté, ou une peine telle que c’en est un tourment continu.

Et sache que Dieu – qu’Il soit exalté – sait que le bien se <trouve> dans tout cela. Il faut donc que ce qui est connu de Dieu existe <dans l’homme> tel qu’il se doit, comme tu le sais. Il n’y a aucun inconvénient à ce que son discours contienne des symboles et des allusions pour qu’il appelle ceux qui, par nature, y sont aptes à s’adonner à la recherche spéculative.

Avicenne

Avicenne, *Livre de la guérison*, « Métaphysique », X, 2, trad. G. Anawati, *La Métaphysique du Šifā’*, Paris, Vrin, 1985, p. 175-176 (traduction modifiée).

3

Le philosophe dans la cité imparfaite

Dans les traités d'al-Fārābī, déjà, le problème de la place du philosophe, ou de l'homme sage, dans la cité imparfaite (c'est-à-dire dans n'importe quelle cité existante) est un problème politique. Comme l'explique al-Fārābī dans *Le Livre de la religion*, le philosophe est comme un étranger, voire un monstre, dans cette cité :

> Cet homme est alors dans cette cité une partie qui lui est étrangère, à la façon de ce qui se passerait si un animal donné avait, par exemple, une patte qui est la patte d'un animal d'une autre espèce[1].

Lorsque, avec Ibn Bāǧǧa, le centre de gravité de la philosophie politique se déplace vers les cités imparfaites, la question se pose avec d'autant plus d'acuité. Ibn Bāǧǧa identifie ces êtres à des « pousses » et tente de comprendre comment ils peuvent développer leur intellect et espérer le bonheur dans la cité imparfaite. Dans le texte d'Ibn Bāǧǧa, malgré l'isolement que cause sa vertu, le philosophe continue pourtant de vivre dans

1. Al-Fārābī, *Le Livre de la religion*, *op. cit.*, p. 71.

la communauté, car la nature de l'homme est celle d'un être social[1].

Ce n'est pas le cas pour Ḥayy ibn Yaqẓān, le héros du roman initiatique d'Ibn Ṭufayl. Devant son incapacité à faire entendre les vérités philosophiques et mystiques aux autres hommes, il comprend qu'il vaut mieux préserver leur allégeance aux coutumes établies, mais préfère se retirer de leur compagnie. À travers ce texte apparaît le problème de la responsabilité du philosophe envers lui-même et envers les autres, un problème dont s'empara Averroès à plusieurs reprises (voir p. 238-239). Dans *L'Incohérence des philosophes*, ce dernier met au point un véritable « code de conduite du philosophe vis-à-vis de la société[2] ».

1. Ibn Bāǧǧa, *La Conduite de l'isolé...*, *op. cit.*, p. 50.
2. Nous empruntons cette expression à Marc Geoffroy, qui l'emploie dans *L'Islam et la Raison*, *op. cit.*, p. 196.

La conduite des « pousses » dans les cités imparfaites

Dans *La Conduite de l'isolé*, la question posée par Ibn Bāǧǧa est celle de savoir comment atteindre la vertu, et par là le bonheur, dans les quatre « modes de vie » imparfaits, suivant la classification faite par al-Fārābī dans le *Régime politique* (les cités dirigées par la recherche de la richesse, du plaisir, des honneurs, de la domination), et qui sont les cités réelles. Seules les « pousses » en sont capables, ces hommes dont les opinions véridiques vont à contre-courant des opinions fallacieuses en cours dans leur cité, et qui jouent un rôle actif dans ces cités[1].

Le mot « conduite » dans la langue des Arabes se dit en plusieurs sens que leurs philologues ont énumérés. Le plus répandu de tous ses signifiés est « l'arrangement d'actes en vue d'un but donné », et c'est pourquoi ils ne l'appliquent pas à celui qui accomplit un seul acte en vue d'un certain but. Celui qui croit que cet acte est unique ne lui applique pas <le terme de> « conduite », mais celui qui croit qu'il y en a plusieurs et les conçoit comme pourvus d'un arrangement appelle cet arrangement « conduite ». C'est pourquoi ils appliquent à la divinité <le nom de> « conducteur de l'univers ». [...]

Lorsqu'on la dit de manière particulière, on la dit de la conduite de cités. Certaines des choses dites

1. Voir Charles Genequand, « L'anthropologie d'Ibn Bāǧǧa », *Mondes musulmans*, n° 140, 2009, p. 212-215.

« conduites » en précèdent d'autres en noblesse et en perfection, et la plus noble des choses que l'on appelle conduite est la conduite des cités et la conduite de la maison, mais <cette dernière> est rarement appelée « conduite », au point que l'on dit « conduite de la maison » de manière synonyme et relative. Mais la conduite de la guerre et autres choses <semblables> sont plus dignes de ces deux manières <générale et particulière>. [...]

Lorsque la conduite est dite de manière absolue, elle désigne la conduite des cités, comme nous l'avons dit, ou alors elle se dit de manière relative et se divise en droite et erronée. On peut croire que la conduite est exempte de ces deux contraires. Mais lorsqu'on l'examine et s'en enquiert soigneusement, il apparaît que ces deux contraires lui appartiennent nécessairement. Il est facile de s'en informer pour quiconque possède la moindre connaissance de la philosophie politique. Les deux sortes <d'entités> qui sont caractérisées par le nom de conduite peuvent se subdiviser en droite et erronée. Quant à la conduite des cités, Platon a expliqué ce qui la concerne dans l'*Administration des cités* [la *République*], ainsi que la signification de ce qui est droit en elle et d'où vient l'erroné. S'imposer de parler de ce qui a été dit et approfondi à ce sujet est redondance, ignorance, ou malice. [...]

Comme la cité excellente se caractérise par l'absence de l'art de la médecine et de l'art juridique, car l'affection règne entre eux tous et qu'il n'y a nulle dispute entre eux, lorsqu'une de ses parties est dépouillée de cette affection et que des querelles se produisent, on a besoin d'établir la justice et on a besoin nécessairement de quelqu'un pour la gérer, qui est le juge. Tous les actes de la cité excellente sont aussi droits, c'est là sa caractéristique nécessaire.

C'est pourquoi ses habitants ne se nourrissent pas de nourritures nuisibles et n'ont ainsi pas besoin de connaître les médicaments contre l'empoisonnement par les champignons et autres choses du même genre, ni de connaître le traitement contre l'indigestion puisqu'il n'y a pas là d'alimentation désordonnée. De même lorsqu'ils suppriment les exercices, il en résulte de nombreuses maladies, mais il est évident que cela n'appartient pas à <la cité excellente>, et il se peut qu'ils n'aient pas besoin de plus que du traitement des foulures et choses du même genre, et d'une manière générale des maladies dont les causes prochaines viennent de l'extérieur et dont le corps en bonne santé ne peut guérir de lui-même. En vérité, on a vu beaucoup d'hommes en bonne santé dont les graves blessures ont guéri d'elles-mêmes, et d'autres faits témoignent de cela. L'une des particularités de la cité parfaite est qu'il ne s'y trouve ni médecin ni juge, et l'une des propriétés générales des quatre cités simples[1] est qu'on y a besoin de médecins et de juges. Plus la cité s'éloigne de la cité parfaite et plus le besoin de ces deux catégories s'y accroît et leur statut s'ennoblit. Il est évident que chaque homme dans la cité parfaite est doté du meilleur de ce à quoi il est disposé, que toutes les opinions <de cette cité> sont vraies, qu'il ne s'y trouve aucune opinion fausse, que ses actions seules sont absolument excellentes, et que toute autre action <que celle de la cité excellente>, si elle est excellente, ne l'est que par rapport à un mal existant dans <cette cité non excellente>. [...]

Donc, dans la cité parfaite, on ne fait pas de discours sur ceux qui pensent ou agissent autrement qu'elle. Mais dans les quatre cités, cela est possible et il est possible

1. Il s'agit des quatre cités imparfaites : la timocratie, l'oligarchie, la démocratie et le despotisme (Platon, *République*, VIII-IX).

qu'une action soit vicieuse et qu'un homme trouve par nature la voie droite ou l'apprenne d'un autre et la connaisse, ou qu'il s'y trouve une opinion fausse et que quelqu'un se rende compte de son caractère erroné, ou qu'il s'y trouve des sciences fallacieuses dans lesquelles, pour tout ce qu'elles contiennent, ou la plupart de ce qu'elles contiennent, <ses habitants> n'adhèrent pas à l'un des contradictoires, et que quelqu'un, par nature ou pour l'avoir appris d'un autre, découvre lequel des contradictoires est vrai. Pour ceux qui trouvent une action ou apprennent une science correcte qui ne se trouvait pas dans la cité, cette catégorie n'a pas de nom générique. Et ceux qui tombent sur une opinion véridique qui ne se trouvait pas dans cette cité, ou dans laquelle se trouvait la croyance contraire, ceux-là sont appelés les « pousses ». Plus leurs croyances sont nombreuses et fortes, plus ce nom leur est applicable. Ce nom leur est appliqué en particulier, et en général à ceux qui tiennent une opinion différente de celle des habitants de la cité, qu'elle soit vraie ou fausse. Ce nom leur a été transposé à partir de l'herbe qui pousse d'elle-même entre les semailles, et nous réservons ce nom à ceux qui tiennent des opinions véridiques. Il est évident que l'une des caractéristiques de la cité parfaite est qu'il ne s'y trouve de pousses dans aucun des deux sens du terme ; il ne peut s'y trouver de pousses si ce mot est utilisé au sens particulier, car il ne s'y trouve pas d'opinions fausses, ni au sens général, car lorsqu'il y en a, elle tombe malade, décline et devient imparfaite. Dans les quatre modes de vie il y a des pousses, et leur existence est la cause de la naissance de la cité parfaite, ainsi qu'il a été expliqué ailleurs[1]. Comme tous les modes de vie de ce temps-ci et d'avant nous, chez la plupart de ceux dont

1. C'est-à-dire par al-Fārābī dans *Le Régime politique*.

les récits nous sont parvenus – à l'exception peut-être de ce que raconte Abū Naṣr[1] du mode de vie des anciens Perses –, sont composés à partir des cinq modes de vie[2], et la plupart de ce qu'on y trouve des quatre modes de vie (l'exposé de cela est laissé au soin de ceux qui ont le loisir d'examiner les modes de vie de ce temps-ci), les trois catégories y sont existantes et possibles, à savoir les pousses, les juges et les médecins. C'est comme si les bienheureux, s'ils peuvent exister dans ces cités, ne possédaient que le bonheur de l'individu. La bonne conduite est la conduite de l'individu, que l'individu soit un ou plus qu'un, tant qu'une nation ou une cité ne se rallie pas à son opinion. Ce sont ceux que les soufis désignent par leur terme d'étrangers, car, bien qu'ils soient dans leurs patries et parmi leurs contemporains et leurs voisins, ils sont étrangers dans leurs opinions, et par leurs pensées ils sont partis en voyage vers des rangs autres qui sont comme leurs patries, et tout ce qu'ils en disent.

Notre propos dans ce discours est la conduite de cet homme isolé. Il est clair que sa condition sort du naturel, et nous dirons comment il doit se conduire afin d'atteindre l'existence la plus parfaite, de même que le médecin doit dire comment l'individu dans ces cités doit se conduire pour être en bonne santé, soit en gardant la santé, comme Galien l'a dit dans son livre sur la *Conservation de la santé*, soit en la recouvrant lorsqu'il l'a perdue, comme cela a été établi dans l'art de la médecine. Ainsi ce discours porte sur la pousse individuelle : comment <un tel homme> peut-il atteindre le bonheur lorsque ce dernier n'est pas présent ? Ou com-

1. Il s'agit d'Abū Naṣr al-Fārābī.
2. C'est-à-dire le mode de vie parfait et les quatre modes de vie imparfaits.

ment se défaire des accidents qui empêchent le bonheur, ou d'en obtenir ce qui est possible, que ce soit autant que sa réflexion le lui permet, ou selon ce qui est établi en lui ? Le conserver est comme la conservation de la santé, et cela n'est pas possible dans les trois modes de vie et leurs composés. Ce que Galien ou d'autres pensent de cela est semblable à l'alchimie et à l'astrologie ; ce que nous établissons est la médecine des âmes, tandis que cela est la médecine des corps, et la judicature est la médecine des relations sociales. Il est évident que les deux sont entièrement caduques dans la cité parfaite, et c'est pourquoi on ne les compte pas comme des sciences. De même ce que nous disons est caduc lorsque la cité est parfaite et l'hypothèse de l'utilité de ce discours est caduque, de même qu'est caduque la science de la médecine, et l'art de la justice, ainsi que d'autres arts qui ont été découverts en fonction de la conduite déficiente.

Ibn Bāǧǧa

Ibn Bāǧǧa, *La Conduite de l'isolé et deux autres épîtres*, éd. et trad. Charles Genequand, Paris, Vrin, 2010, p. 121-128.

L'allégeance déclarée à la Loi et à la coutume

Ibn Ṭufayl, dans le conte philosophique *Ḥayy ibn Yaqẓān*[1], narre le parcours initiatique de son héros du même nom. Né seul sur une île déserte[2], Ḥayy est parvenu à retrouver par les seules ressources de sa raison, toutes les vérités philosophiques, physiques et métaphysiques. Mais lorsqu'il entend les révéler aux autres hommes, qu'il rencontre grâce à son ami Asāl (habitant d'une île voisine), il a tôt fait de découvrir que cette ambition est vaine et que leur obéissance aux coutumes établies leur est moins néfaste que ses révélations. Les passages entre guillemets sont tirés du Coran.

Plein de compassion pour les hommes, et ardemment désireux de leur apporter le salut, il conçut le dessein d'aller à eux, de leur exposer la vérité d'une manière claire et évidente. Il s'en ouvrit à son compagnon Asāl, et lui demanda s'il y avait pour lui un moyen de parvenir jusqu'à eux. Asāl le renseigna sur l'infirmité de leur naturel, sur leur éloignement des ordres de Dieu. Mais il ne pouvait comprendre une pareille chose, et il demeurait, en son âme, attaché à son espoir. Asāl de son côté souhaitait que, par l'entremise de Ḥayy ibn Yaqẓān, Dieu dirigeât quelques hommes de sa connaissance, disposés à se laisser guider et plus proches du

1. Littéralement « Vivant fils de l'éveillé ».
2. L'épisode relatant les deux possibilités reconnues par Ibn Ṭufayl concernant la naissance de Ḥayy est l'occasion d'un exposé médico-philosophique sur la génération spontanée.

salut que les autres. Il favorisa donc son dessein. Ils jugèrent qu'ils devaient rester sur le rivage de la mer, sans s'en écarter nuit et jour, dans l'espoir que Dieu leur fournirait peut-être une occasion de la franchir. Ils y demeurèrent donc assidûment, suppliant dans leurs prières Dieu, Puissant et Grand, de conduire à bonne fin leur entreprise.

Or il arriva par la volonté de Dieu, Puissant et Grand, qu'un navire, sur la mer, ayant perdu sa route, fut poussé par les vents et flots tumultueux jusqu'au rivage de cette île. En approchant de la terre, ceux qui le montaient virent les deux hommes sur le bord et se rapprochèrent d'eux. Asāl, leur adressant la parole, les pria de les prendre l'un et l'autre. Ils accédèrent à leur demande et les firent entrer dans le navire. Dieu leur envoya un vent maniable, qui porta le navire en très peu de temps vers l'île où ils désiraient aller. Ils y débarquèrent tous les deux et entrèrent dans la ville. Les amis d'Asāl virent les trouver, et il les renseigna sur Ḥayy ibn Yaqẓān. Ils l'entourèrent en foule, admirant son cas ; et ils le fréquentaient, pleins d'estime pour lui et de vénération. Asāl lui apprit que cette réunion d'hommes l'emportait sur toutes les autres au point de vue de l'intelligence et de la pénétration, et que s'il ne réussissait pas à les instruire, il réussirait moins encore à instruire la masse. Le chef et prince de cette île était Salāmān, cet ami d'Asāl qui jugeait bon de s'attacher à la société des hommes et qui considérait la retraite comme interdite.

Ḥayy ibn Yaqẓān entreprit donc de les instruire et de leur révéler les secrets de la sagesse. Mais à peine s'était-il élevé quelque peu au-dessus du sens exotérique pour aborder certaines vérités contraires à leurs préjugés qu'ils commencèrent à se retirer de lui : leurs âmes répugnaient aux doctrines qu'il apportait, et ils s'irritaient en leur cœur contre lui, bien qu'ils lui fissent bon visage par courtoisie vis-à-vis d'un étranger et par égard pour leur ami Asāl. Ḥayy ibn Yaqẓān ne cessa d'en bien user avec eux nuit et jour et de leur découvrir la vérité dans l'intimité et en public. Il n'aboutissait qu'à les rebuter et à les effaroucher davantage.

Pourtant, ils étaient amis du bien et désireux du vrai ; mais par suite de leur infirmité naturelle, ils ne poursuivaient pas le vrai par la voie requise, ne le prenaient pas du côté qu'il fallait, et au lieu de s'adresser à la bonne porte, ils cherchaient à le connaître par la voie des autorités. Il désespéra de les corriger et perdit tout espoir de les convaincre. Alors, examinant successivement les différentes sortes d'hommes, il vit que « ceux de chaque catégorie, contents de ce qu'ils ont, prennent pour dieux leurs passions », pour objet de leur culte leur désir, se tuent à recueillir les brindilles de ce monde, « absorbés par le soin d'amasser, jusqu'à ce qu'ils visitent la tombe » ; les avertissements sont sans effet sur eux, les bonnes paroles sans action, la discussion ne produit en eux que l'obstination ; quant à la sagesse, nulle voie vers elle ne leur est ouverte et ils n'y ont aucune part. Ils sont plongés dans l'aveuglement, « et les biens qu'ils poursuivaient ont, comme une rouille, envahi leurs cœurs ». « Dieu a scellé leurs cœurs et leurs oreilles, et sur leurs yeux s'étend un voile. Un grand châtiment les attend. »

Lorsqu'il vit que le tourbillon du châtiment les enveloppait, que les ténèbres de la séparation les couvraient, que tous, à peu d'exceptions près, ne saisissaient de leur religion que ce qui regarde ce monde ; « qu'ils en rejetaient les pratiques derrière eux, si légères et si faciles fussent-elles, et les vendaient à bas prix » ; « que le commerce et les transactions les empêchaient de se souvenir de Dieu Très-Haut ; qu'ils ne craignaient point un jour où seront retournés les cœurs et les yeux », il comprit, avec une certitude absolue, que les entretenir de la vérité pure était une chose vaine ; qu'arriver à leur imposer dans leur conduite un niveau plus relevé était une chose irréalisable ; que, pour la généralité des gens, le profit qu'ils pouvaient tirer de la loi religieuse concernait leur existence présente, et consistait à pouvoir jouir de la vie sans être lésés par autrui dans la possession des choses qu'ils considéraient comme leur appartenant en propre ; et qu'ils n'obtiendraient pas la félicité future, à part de rares exceptions, à savoir « ceux qui veulent acquérir la vie future, qui font des efforts pour l'obtenir et qui sont croyants ». « Mais quiconque est impie et choisit la vie de ce monde aura l'enfer pour demeure. » Quoi de plus pénible, quoi de plus profondément misérable que la condition d'un homme parmi les œuvres duquel, si on les passe en revue depuis l'instant où il s'éveille jusqu'au moment où il s'endort, on n'en trouve pas une seule qui n'ait pour fin quelqu'une de ces choses sensibles et viles : accumulation de richesses, recherche d'un plaisir, satisfaction d'une passion, assouvissement d'une colère, acquisition d'un rang qui lui offre la sécurité, accomplissement d'un acte religieux dont il tire vanité et qui protège sa tête ? « Ce ne sont là que ténèbres au-dessus d'une mer profonde. » « Et il n'est aucun de vous qui n'y entre : c'est, de la part de ton Seigneur, un arrêt prononcé. »

Lorsqu'il eut compris les diverses conditions des gens, et que la plupart d'entre eux sont au rang des animaux dépourvus de raison, il reconnut que toute sagesse, toute direction, toute assistance réside dans les paroles des envoyés, dans les enseignements apportés par la loi religieuse, que rien d'autre n'est possible, qu'on n'y peut rien ajouter ; qu'il y a des hommes pour chaque fonction, que chacun est plus apte à ce en vue de quoi il a été créé. « Telle a été la conduite de Dieu à l'égard de ceux qui ne sont plus. Tu ne saurais dans la conduite de Dieu trouver aucun changement. »

Il se rendit donc auprès de Salâmân et de ses compagnons, leur présenta ses excuses pour les discours qu'il leur avait tenus et s'en rétracta. Il leur déclara qu'il pensait désormais comme eux, que leur norme était la sienne. Il leur recommanda de continuer à observer rigoureusement les démarcations de la loi divine et les pratiques extérieures, d'approfondir le moins possible les choses qui ne les regardaient pas, de croire sans résistance aux passages ambigus des textes sacrés, de se détourner des hérésies et des opinions personnelles, de se régler sur les vertueux ancêtres et de refuser les nouveautés. Il leur recommanda d'éviter l'indifférence de la grande masse pour la loi religieuse, son attachement au monde, et il les adjura de se tenir en garde contre cet égarement. Car ils avaient reconnu, lui et son ami Asāl, que pour cette catégorie d'hommes, moutonnière et impuissante, il n'y a pas d'autre voie de salut ; que si on les en détournait pour les entraîner sur les hauteurs de la spéculation, ils subiraient dans leur état un trouble profond sans pouvoir atteindre au degré des bienheureux, ils oscilleraient, chancelants, et feraient une mauvaise fin ; tandis que s'ils demeuraient jusqu'à leur mort dans l'état où ils se trouvaient, ils obtiendraient le salut et feraient partie de ceux qui seront placés à la droite. « Quant à ceux qui auront pris les devants, ils seront placés en avant et seront les plus proches de Dieu. »

Ils leur dirent adieu tous les deux, les quittèrent et attendirent patiemment l'occasion de retourner dans leur île. Enfin Dieu, Puissant et Grand, leur facilita la traversée. Ḥayy ibn Yaqẓān s'efforça de revenir à sa station sublime par les mêmes moyens qu'autrefois. Il ne tarda pas à y réussir ; et Asāl l'imita si bien qu'il atteignit presque le même niveau. Et ils adorèrent Dieu tous les deux dans cette île jusqu'à leur mort.

Ibn Ṭufayl

Ibn Ṭufayl, *Le Philosophe sans maître (Histoire de Ḥayy ibn Yaqẓān)*, trad. Léon Gauthier, Alger, SNED, 1969, p. 139-143.

L'attitude des philosophes dans la cité témoigne de leur déférence à la loi

La question de la vie après la mort est un des points où la tension est la plus forte entre les théologiens et les philosophes. Pour la plupart des théologiens, il n'y a pas de survie de l'âme indépendamment du corps, tandis que les philosophes soutiennent une vie purement intellectuelle dans l'au-delà. Dans son commentaire au traité *De l'âme*, Averroès va jusqu'à nier l'immortalité personnelle (voir p. 123-124). Cela étant, le philosophe ne saurait contredire publiquement les enseignements de la révélation, sauf à mettre en danger l'existence des vertus morales de la foule et sa propre félicité. C'est ce qui ressort de la réponse qu'il donne à al-Ghazālī qui accusait les philosophes de nier la résurrection des corps.

Quant aux philosophes, leur attitude témoigne qu'ils sont parmi les hommes ceux qui considèrent <cet enseignement>[1] avec la plus grande déférence, et en sont le plus persuadés. La raison en est que la finalité [de cet enseignement] est d'exercer sur les hommes une gouvernance [*tadbīr*] qui les mette à même d'accomplir <pleinement> leur existence d'hommes en tant qu'ils sont hommes, et d'atteindre à la félicité qui leur est propre. Ce dogme est indispensable à l'existence des vertus morales, théorétiques et des arts pratiques de l'homme. Car ils considèrent que l'homme ne peut vivre

1. C'est-à-dire la résurrection des corps.

dans cette demeure-ci sans arts pratiques, et qu'il ne peut vivre dans cette demeure-ci et dans l'autre sans vertus théorétiques. Or ni les unes ni les autres ne peuvent être réalisées ou atteintes sans les vertus morales, et à celles-ci l'on ne peut parvenir qu'en acquérant la connaissance de Dieu – exalté soit-Il –, et en Lui témoignant sa vénération dans la pratique des actes rituels prescrits aux hommes par les lois révélées de chaque religion [*milla*], tels les sacrifices, les prières, les invocations et autres paroles semblables que l'on prononce pour louer Dieu – exalté soit-Il –, les anges et les prophètes.

En somme, ils considèrent que ces enseignements révélés, ce sont ces arts politiques [*madanīya*] indispensables, qui puisent leurs principes à la fois dans la raison et la révélation, en particulier ceux d'entre eux qui sont communs à toutes les lois révélées, même si celles-ci diffèrent de ce point de vue en quantité. De surcroît, ils estiment qu'il convient de n'émettre jamais aucune objection, que ce soit pour établir positivement <le contraire> ou pour les infirmer, contre les principes généraux <de ces enseignements>, tel le fait de se demander s'il faut ou non adorer Dieu, ou encore plus s'Il existe ou non.

Et telle est aussi leur opinion à propos des autres principes fondamentaux <de la révélation>, comme l'existence de la félicité dans l'au-delà et de ses modalités, puisque toutes les révélations s'accordent à affirmer l'existence d'une vie après la mort, même si elles diffèrent à propos des caractéristiques de celle-ci, de la même façon qu'elles s'accordent à reconnaître l'existence du Principe premier, Ses attributs et Ses actes, tout en différant les unes des autres par la quantité de ce qu'elles disent à propos de l'essence de ce Principe et de Ses actes ; et de la même façon encore qu'elles s'accordent à propos des actes permettant l'accès à cette félicité dans la demeure de l'au-delà tout en différant sur l'appréciation [*taqdīr*] de ces actes.

En somme, dans la mesure où <les enseignements révélés> ont pour fin <la diffusion de> la sagesse par des méthodes communes, les philosophes les considèrent assurément comme indispensables, car la philosophie, quant à elle, n'a d'autre finalité que de faire connaître une félicité *intellectuelle* à *certains* individus, ceux en mesure de faire l'apprentissage de la sagesse [*ḥikma*], alors que les révélations, elles, visent l'enseignement de la foule [*jumhūr*] en général, bien que cependant nous ne trouvions aucune d'entre les lois révélées qui ne *signale* aussi les choses qui concernent en propres les sages, tout en se préoccupant de ce qui est commun aux hommes de la foule.

Or comme aussi l'existence des hommes de la classe élitaire et la réalisation de leur félicité ne seront jamais achevées qu'avec le concours des hommes de la classe commune, l'enseignement <adressé au> commun est indispensable à l'existence des hommes de la classe élitaire, et à leur vie.

Averroès

Averroès, *L'Incohérence de l'incohérence*, « Questions de physique », question XX, trad. Marc Geoffroy, *L'Islam et la Raison*, Paris, Flammarion, « GF », 2000, p. 196-199.

Orientation bibliographique

Textes et traductions

Abū al-Barakāt al-Baġdādī, *Livre de la réflexion personnelle*, éd. Hyderabad, 1980.

Avicenne, *La Métaphysique du Šifā'*, trad. G. C. Anawati, Paris, Vrin, 1978 ; 1985.

–, *Livre des directives et des remarques*, trad. A.-M. Goichon, Paris, Vrin, 1951, rééd. 1999.

–, *Avicenna's Psychology*, éd. F. Rahman, Oxford, Oxford University Press, 1959.

Averroès, *L'Incohérence de l'incohérence*, éd. M. Bouygues, 3e éd., Beyrouth, Dār al-Mašreq, 1992.

–, *Discours décisif*, intro. Alain de Libera, trad. Marc Geoffroy, Paris, Flammarion, « GF », 1996.

–, *L'Intelligence de la pensée. Grand commentaire du* De anima. Livre III, trad., intro. et notes Alain de Libera, Paris, Flammarion, « GF », 1998.

–, *L'Islam et la Raison. Anthologie de textes juridiques, théologiques et polémiques*, trad. Marc Geoffroy, présentation Alain de Libera, Paris, Flammarion, « GF », 2000.

–, *La Béatitude de l'âme*, éd., trad. et études Marc Geoffroy et C. Steel, Paris, Vrin, 2001.

–, *Commentaire moyen à la* Rhétorique *d'Aristote*, intro., commentaire et trad. Maroun Aouad, Paris, Vrin, 2003.

Al-Fārābī, *Livre des Lettres*, éd. Muhsin Mahdi, Beyrouth, Dār el-Mašreq, 1970.

–, *Traité des opinions des habitants de la Cité idéale*, intro., trad. et notes Tahina Sabri, Paris, Vrin, 1990

–, *Traité des opinions des habitants de la Cité idéale*, trad. R. P. Jaussen, Youssef Karam et Joseph Chlala, Le Caire, IFAO, 1949.

–, *Épître sur l'intellect*, trad. Dyala Hamzah, Paris, L'Harmattan, 2001.

–, *The Political Writings. « Selected Aphorisms » and other texts*, trad. et notes Charles Butterworth, Ithaca/ Londres, Cornell University Press, 2001.

–, *Le Livre de la religion*, *Philosopher à Bagdad au xᵉ siècle*, trad. Stéphane Diebler, intro. Ali Benmakhlouf, glossaire Pauline Koetschet, Paris, Seuil, « Points Essais », 2007.

Al-Ghazālī, *L'Incohérence des philosophes*, éd. Maurice Bouygues, Beyrouth, Dār al-Mašreq, 1982 (réimp.).

Ibn Bāǧǧa, *Opera metaphysica*, éd. Maǧid Faḫrī, Beyrouth, Dar al-Nahar, 1991.

–, *La Conduite de l'isolé et deux autres épîtres*, éd. et trad. Charles Genequand, Paris, Vrin, 2010.

Ibn Khaldūn, *Livre des exemples*, trad. Abdesselam Cheddadi, Paris, Gallimard, 2002.

Ibn Ṭufayl, *Le Philosophe sans maître (Histoire de Ḥayy ben Yaqdhan)*, trad. Léon Gauthier, Alger, SNED, 1969.

Al-Kindī, *Sur les moyens de chasser les tristesses*, in *Studi su al-Kindī II. Uno scritto morale inedito di al-Kindī*, éd. et trad. Helmut Ritter et Richard Walzer, Rome, Memorie della reale Accademia nazionale dei Lincei, 1938 ; réimp., *Al-Kindī, Texts and Studies*, éd.

Fuat Sezgin, Francfort, Institute for the History of Arabic Islamic Science, vol. 33, 1996.

–, *Œuvres philosophiques et scientifiques*, trad. Roshdi Rashed et Jean Jolivet, Leyde, Brill, 1997-1998.

–, *The Philosophical Works of al-Kindī*, trad. Peter Adamson et Peter E. Pormann, Karachi, Oxford University Press, à paraître (2011).

–, *Sur la quantité des livres d'Aristote*, dans *Rasā'il falsafīya*, éd. Abū Rīda, Francfort, 1999.

Maïmonide, *Le Guide des égarés*, trad. Salomon Munk, nouv. éd. revue par Charles Mopsik, Paris, Verdier, 1979.

–, *Régime de la santé*, éd. Hermann Kroner, dans *Janus*, n° 27, 1923, réimp. dans *Beiträge zur Geschichte der Arabisch-Islamischen Medizin*, t. V, Francfort, 1990, p. 91-129.

Miskawayh, *Le petit livre du Salut*, trad. Roger Arnaldez, Tunis-Carthage, Maison arabe du livre, 1987.

–, *Deux éditions de Miskawayh*, éd. et intro. Mohammed Arkoun, Damas, BEO, vol. XVII, 1961/62.

Al-Rāzī, *La Médecine spirituelle*, trad. Rémi Brague, Paris, Flammarion, « GF », 2003.

–, *Doutes sur Galien (Kitāb al-šukūk 'alā Ǧālīnūs)*, éd. Muṣṭafā L. 'Abd al-Ġanī, Le Caire, National Library Press, 2005.

–, *Raziana I, La Conduite du philosophe, traité éthique de Muhammad b. Zakariyya al-Rāzī*, éd. et trad. P. Kraus, *Orientalia*, n° 4, 1935, p. 300-334.

–, *Opera philosophica fragmentaque quae supersunt*, éd. P. Kraus, Le Caire, 1939.

Suhrawardī, *The Philosophy of Illumination*, éd. et trad. anglaise John Walbridge et Hossein Ziai, Provo, Brigham Young University Press, « Islamic translations series », 1999.

Thābit ibn Qurra, *Réponses aux questions posées par Ibn Usayyid*, éd. et trad. Marwan Rashed, in *Thābit ibn Qurra. Science and Philosophy in Ninth-Century Baghdad*, éd. Roshdi Rashed, Berlin, De Gruyter, 2009.

Thomas d'Aquin, *Contre Averroès*, trad. Alain de Libera, Paris, Flammarion, « GF », 1994

Yaḥyā ibn 'Adī, *The Reformation of Morals*. A *Parallel English-Arabic Text*, éd. et trad. anglaise Sidney E. Griffith. Provo, Brigham Young University Press, 2002.

Études

Peter Adamson, *Al-Kindī*, Oxford, Oxford University Press, 2007.

– avec Richard C. Taylor (dir.), *The Cambridge Companion to Arabic Philosophy*, Cambridge, Cambridge University Press, 2005.

Mohammed Arkoun, *Essais sur la pensée islamique*, Paris, Maisonneuve et Larose, 1982.

Roger Arnaldez, *Aspects de la pensée musulmane*, Paris, Vrin, 1987.

Ali Benmakhlouf, *Averroès*, Paris, Les Belles Lettres, 2000.

–, *Le Vocabulaire d'Averroès*, Paris, Ellipses, 2007.

– (dir.), « Philosophie arabe », *Philosophie*, n° 77, 2003.

Deborah L. Black, *Logic and Aristotle's « Rhetoric » and « Poetics » in Medieval Arabic Philosophy*, Leyde, Brill, 1990.

P. Büttgen, Alain de Libera, Marwan Rashed et Irène Rosier-Catach (dir.), *Les Grecs, les Arabes et nous. Enquête sur l'islamophobie savante*, Paris, Fayard, 2009.

Abdelali Elamrani-Jamal, *Logique aristotélicienne et grammaire arabe*, Paris, Vrin, 1983.

–, Ahmad Hasnawi et Maroun Aouad, *Perspectives arabes et médiévales sur la tradition scientifique et philosophique grecque*, Louvain/Paris, Peeters/Institut du Monde arabe, 1997.

Louis Gardet, et Georges Anawati, *Introduction à la théologie musulmane. Essai de théologie comparée*, Paris, Vrin, 1949.

Dimitri Gutas, *Pensée grecque, culture arabe. Le mouvement de traduction gréco-arabe à Bagdad et la société abbasside primitive. IIe-IVe/VIIIe-Xe siècle*, trad. Abdesselam Cheddadi, Aubier, Paris, 2005.

Muhammad Ali Khalidi, *Medieval Islamic Philosophical Writings*, Cambridge, Cambridge University Press, 2005.

Ralph Lerner et Muhsin Mahdi (dir.), *Medieval Political Philosophy*, Ithaca/New York, Cornell University Press, 1972.

Alain de Libera, *La Philosophie médiévale*, Paris, PUF, « Que sais-je ? », 1989.

– et Maurice-Ruben Hayoun, *Averroès et l'averroïsme*, Paris, PUF, « Que sais-je ? », 1991.

–, *La Philosophie médiévale*, Paris, PUF, « Premier cycle », 1993.

–, *Penser au Moyen Âge* Paris, Seuil, « Chemins de pensée », 1996.

John McGinnis et David C. Reisman, *Classical Arabic philosophy. An Anthology of Sources*, Indianapolis/Cambridge, Hackett, 2007.

Shlomo Pinès, *The Collected Works of Shlomo Pinè*s, Leyde/Jerusalem, Brill/The Hebrew University, 1979-1986, 2 vol.

Franz Rosenthal, *The Classical Heritage in Islam*, Londres, Routledge/Kegan Paul, 1975.

Dominique Urvoy, *Averroès. Les ambitions d'un intellectuel musulman*, Paris, Flammarion, 1998.

–, *Les Penseurs libres dans l'islam classique. L'interrogation sur la religion chez les penseurs arabes indépendants*, Paris, Flammarion, 2003.

–, *Histoire de la pensée arabe et islamique*, Paris, Seuil, 2006.

Philippe Vallat, *Al-Fārābī et l'École d'Alexandrie*, Paris, Vrin, 2004.

Harry A. Wolfson, *The Philosophy of the Kalam*, Cambridge, Harvard University Press, 1976.

Notices biographiques

Al-Kindī

Né à Baṣrā, dans l'actuel Irak, il appartient à une famille noble, de la tribu de Kinda. Son père était gouverneur à Kūfa au début du IXe siècle, et al-Kindī fit ses études à Bagdad, alors centre politique et intellectuel de l'Empire abbasside. Il poursuivit ses travaux sous le patronage des califes al-Ma'mūn, al-Mu'taṣim et al-Wātiq, qui se rangèrent derrière la théologie rationnelle des mu'tazilites. Ses travaux prirent place durant le vaste mouvement de traduction du grec vers le syriaque et l'arabe que virent fleurir les premiers temps de l'Empire abbasside. Al-Kindī, contemporain du « prince des traducteurs », Ḥunain ibn Isḥāq, eut un rôle de premier plan dans ce mouvement, comme chef d'un cercle de traducteurs qui produisit notamment une traduction arabe de la *Métaphysique* d'Aristote. Outre la transmission des textes grecs, le IXe siècle vit aussi le développement de la théologie spéculative (*kalām*), et al-Kindī s'intéressa tout particulièrement aux rapports entre le discours philosophique et le discours révélé. Son œuvre philosophique porte surtout sur la métaphysique, qu'il comprend comme une théologie, et sur la science naturelle, notamment la cosmologie et l'optique. Il meurt aux alentours de 870.

Thābit ibn Qurra

Né probablement en 826 à Ḥarrān, centre de l'hellénisme finissant, il meurt en 901 à Bagdad. Il était agent de change à Ḥarrān lorsqu'il rencontra l'aîné des Banū Mūsā – trois frères mathématiciens et astronomes de renom –, qui le fit venir à Badgad. Ce Sabéen devint le précepteur des enfants de Muḥammad Banū Mūsā, et il fut même admis à la cour du calife al-Mu'taḍid. Véritable polymathe, il composa des œuvres originales, notamment en astronomie et en mathématiques. Sa langue maternelle était le syriaque, mais il connaissait également très bien le grec, ce qui le conduisit à accomplir un travail de traduction important, entre autres dans le domaine des mathématiques. Son œuvre est traversée par les enjeux philosophiques recouverts par l'astronomie et les mathématiques, comme le montre le traitement qu'il fit de la question de l'existence de l'infini.

Al-Rāzī

Abū Bakr al-Rāzī, né en 865 à Rayy dans l'actuel Iran et mort en 925, est avant tout demeuré célèbre pour son œuvre de médecin. Mais celle-ci est étroitement liée à une œuvre philosophique sans doute de non moindre importance, mais souvent conservée uniquement par des fragments. Parmi les philosophes arabes, il se distingue par un platonisme profond, doublé d'un engagement souvent radical dans un débat sans concession avec les théologiens de son temps. Esprit critique, il est l'auteur d'un traité intitulé *Doutes contre Galien* dans lequel il n'hésite pas à remettre en question certains principes de la physique aristotélicienne, comme la réfutation de l'existence du vide et de l'atomisme. Sa doctrine métaphysique, qui enseigne que l'Âme a été séparée de son vrai lieu en s'unissant à la Matière, se prolonge dans son œuvre éthique, mieux conservée (*La Médecine spirituelle*, *La Conduite du philosophe*), cohérente avec l'idée platonicienne selon laquelle la libération de l'âme s'opère par la philosophie.

Mattā ibn Yunūs

Logicien, traducteur et commentateur d'Aristote, le chrétien nestorien Abū Bišr Mattā ibn Yunūs est l'un des fondateurs de l'école des études aristotéliciennes à Bagdad, où il fut le maître d'al-Fārābī et de Yaḥyā ibn 'Adī. On lui attribue de nombreuses traductions d'Aristote du syriaque vers l'arabe, par exemple la *Rhétorique* et la *Poétique* incluses dans l'*Organon* long. Il joua un rôle fondamental dans la transmission de la philosophie du Stagirite et dans l'affirmation de l'autorité de ce dernier, notamment à travers le débat qui l'opposa au grammairien al-Sīrāfī en 932, en présence du vizir Ibn al-Furāt. Pour Mattā, les *Catégories* d'Aristote ne sont pas propres à la langue grecque, dont elles seraient une simple codification. Elles représentent au contraire des notions universelles qui permettent de distinguer le parler correct du parler incorrect, dans quelque langue que l'on s'exprime. La logique demande ainsi à être strictement distinguée de la grammaire, particulière à chaque langue. La position de Mattā sera aussi celle d'al-Fārābī, de Yaḥyā ibn 'Adī et d'al-Siğistānī. Mattā ibn Yunūs meurt en 940.

Saadia Gaon

Né en 882 en Égypte, au Fayyoum, il quitte le pays en 915, peut-être à cause d'une confrontation avec des représentants de la communauté juive. Il voyage alors en Palestine, en Irak et en Syrie et s'établit à Soura (Irak), où il est nommé chef de l'académie. Saadia

Gaon est considéré comme le premier philosophe juif à avoir consacré la majorité de son travail au rapport entre la philosophie et la tradition hébraïque[1]. Si l'on sait peu de choses de sa formation intellectuelle, son œuvre révèle une solide connaissance de la philosophie grecque, mais également de la théologique spéculative (*kalām*). Dans ses deux principaux ouvrages philosophiques, *Le Livre de la création* et *Le Livre des doctrines et des opinions*, il entreprend de montrer que la philosophie et la doctrine révélée sont en harmonie grâce à sa théorie des quatre « racines » du savoir humain. À la suite d'Aristote, Saadia Gaon distingue deux sources de toute connaissance : la sensation, d'une part, et les vérités évidentes par soi, de l'autre. À ces deux « racines » du savoir, il faut ajouter l'inférence et enfin la tradition, qui contient le savoir révélé et s'appuie sur les trois première racines. Représentant du *kalām* juif, il fut aussi le premier à avoir traduit en arabe la Bible, dont il rédigea également des commentaires en arabe. Il meurt en 942.

Al-Fārābī

Né aux alentours de 870 en Asie centrale, le turc était sa langue maternelle, mais il apprit l'arabe à Bagdad auprès du grammairien Abū Bakr al-Sarrāğ. Il fut l'élève de Mattā ibn Yunūs, qui lui enseigna la logique et la philosophie. Il séjourna à la cour du gouverneur chiite d'Alep, Sayf al-Dawla (918-967), après que les troubles politiques l'eurent contraint de quitter Bagdad, alors capitale de l'Empire abbasside. On sait peu de choses de la vie d'al-Fārābī. Selon le biographe Ibn Abī

1. Voir Idit Dobbs-Weinstein, « Jewish Philosophy », in *The Cambridge Companion to Medieval Philosophy*, Cambridge, Cambridge University Press, 2003, p. 123.

Uṣaibi'a, il avait étudié la médecine, dont il connaissait les « principes universels ». Mais, à l'inverse d'al-Rāzī, rien n'indique qu'il pratiqua cet art. Al-Fārābī appartient à la seconde génération de philosophes, après les grandes figures du IXe siècle que furent al-Kindī et al-Rāzī, et ouvre, avec ses maîtres de l'école de Bagdad, la grande période aristotélicienne de la philosophie arabe. Surnommé le « Second Maître » après Aristote, il fut l'auteur de nombreux traités philosophiques, entre autres dans les domaines de la logique et de la philosophie politique. Il meurt aux alentours de 950.

Al-Sīrāfī

Abū Sa'īd al-Sīrāfī, né entre 892 et 902, meurt à Bagdad en 979. Il fut l'un des grammairiens les plus estimés de son temps. Il exerça la fonction de juge à Bagdad et dirigea également un cénacle (*mağlis*) consacré aux disciplines traditionnelles (jurisprudence, grammaire, arithmétique, poétique, sciences coraniques). En théologie, il fut mu'tazilite et disciple d'Ibn Ğubbai', et enseigna le droit hanafite, qui interroge la chaîne de transmission des *ḥadīṯ*. Il fut l'adversaire de Mattā ibn Yunūs lors de la controverse qui eut lieu en 932 autour des rapports entre la logique grecque et la grammaire arabe. Al-Sīrāfī, désireux de remettre en question l'autorité d'Aristote, défend l'idée que la logique est totalement inutile : la grammaire elle-même est une logique, mais extraite de la langue arabe. Il n'y a pas de forme universelle du discours détachée de l'expression. L'enjeu est de taille. Il est avant tout épistémologique, puisqu'il porte sur la compréhension du langage, et sur la possibilité même de la traduction. Il est aussi idéologique, puisque la controverse entre logique et grammaire peut aussi être lue comme l'affrontement de la philosophie aristotélicienne, d'une part, et de l'autorité intellectuelle et religieuse des juristes, d'autre part.

Yaḥyā ibn 'Adī

Il naît en 893 à Takrit, dans l'actuel Irak, au sein d'une famille chrétienne jacobite. Takrit était alors un centre intellectuel important pour la philosophie et la théologie. À Bagdad, il étudia la médecine, la théologie, les sciences, et la philosophie avec ses maîtres Mattā ibn Yunūs et al-Fārābī. Après la mort de Mattā et le départ d'al-Fārābī à Alep, il devint la figure principale des péripatéticiens de Bagdad. Bibliophile, il traduisit du syriaque vers l'arabe de nombreuses œuvres grecques, notamment une grande partie de l'*Organon* d'Aristote ainsi que les commentaires qu'en firent Ammonius, Thémistius et Alexandre d'Aphrodise. Intéressé par la philosophie et par la théologie, il consacra de nombreux travaux à la logique. Dans son *Traité sur la différence entre l'art de la logique philosophique et l'art de la grammaire arabe*, il souligne l'enjeu épistémologique du débat entre logiciens et philosophes, en distinguant nettement la logique, instrument universel de la philosophie, et la grammaire, spécifique à la langue arabe. Il poursuit l'idée d'universalité véhiculée par la logique dans son traité d'éthique, *La Purification des mœurs*, dans lequel il fait de l'amitié entre les hommes la suite nécessaire de la perfection de l'âme. Il meurt à Bagdad en 974.

Al-Siğistānī

Abū Sulaymān al-Siğistānī, surnommé « le Logicien », fut probablement l'élève de Yaḥyā ibn 'Adī. Né aux alentours de 912, originaire du Siğistān, dans l'Iran actuel, il s'établit à Bagdad vers 938 et y poursuivit des études de philosophie. Il eut une grande influence sur le milieu intellectuel de son temps, notamment à travers les assemblées qu'il tenait autour de sujets philosophiques, et dont son élève al-Tawḥīdī se fit l'écho dans son *Livre des controverses*. Il ne sortait que rarement de chez lui en raison de la lèpre dont il était atteint. Dans le débat sur les rapports entre la grammaire arabe et de la logique, il prône la conciliation, à travers l'idée que la logique est une « grammaire universelle ». Al-Tawḥīdī, qui fut son élève, en fit un des personnages centraux de ses *Entretiens*. Al-Siğistānī était proche du courant des Frères de la pureté, un cercle de philosophes ismaéliens – l'ismaélisme étant une branche du chiisme – versé dans le néopythagorisme et le néoplatonisme, et particulièrement dans la science des nombres. Al-Siğistānī mourut aux alentours de l'an 1000.

Miskawayh

Né à Rayy vers 932, d'origine mazdéenne, il occupa des fonctions de secrétaire et de bibliothécaire auprès des vizirs al-Muhallabī (950-963), Abū al-Faḍl (954-971), Abū al-Fath (971-977) et auprès du Buyide ʻAḍud al-Dawla (mort en 983). Il fut ainsi amené à fréquenter étroitement non seulement les cercles du pouvoir, mais aussi les cercles intellectuels. Il pratiqua à la fois la philosophie et l'histoire, mais c'est son œuvre de philosophe qui est la mieux connue. Elle porte surtout sur l'éthique, autour de laquelle il exprime son souhait d'organiser les études de philosophie dans son *Traité d'éthique*. Son œuvre s'inscrit parfaitement dans la tradition de l'*adab* philosophique, c'est-à-dire des belles-lettres philosophiques. Les ouvrages s'inscrivant dans cette tradition, composés directement en arabe, accordent une importance particulière au style, très didactique, qui véhicule les idées philosophiques. Il serait mort aux alentours de 1030.

Avicenne (Ibn Sīnā)

Avicenne explique être né à Afshana, avant d'accompagner sa famille à Bukhārā, dans l'actuel Ouzbékistan, où il suivit une première formation en sciences religieuses et en littérature. Dans son *Autobiographie*, il rapporte que son premier contact avec la philosophie eut lieu au travers des discussions au sujet de la nature de l'âme et de l'intellect entre son père et des missionnaires ismaéliens. Il étudia le droit hanafite, ainsi que la philosophie et la médecine, mais fut bientôt capable de se passer du service de ses professeurs, toujours selon ses dires. En médecine, Avicenne est l'auteur du *Canon de la médecine*, qui constitua longtemps la base de l'enseignement de la médecine dans l'Europe médiévale. En philosophie, son œuvre maîtresse est sans doute *Le Livre de la guérison*, auquel il faut ajouter le *Livre du salut* et le *Livre des directives et des remarques.* Dans son *Autobiographie*, il insiste sur sa dette intellectuelle à l'égard d'al-Fārābī, grâce au commentaire duquel il comprit la *Métaphysique* d'Aristote. Au-delà de cette anecdote, les rapports entre al-Fārābī et Avicenne sont l'enjeu d'un débat important pour comprendre la philosophie du second. L'influence d'Avicenne sur la philosophie médiévale latine mais aussi sur la philosophie moderne, principalement dans le domaine métaphysique, est immense. Avicenne définit la métaphysique de manière aristotélicienne, comme l'étude de l'étant en tant qu'étant et de ses attributs essentiels. C'est dans ce cadre qu'intervient sa distinction fondamentale de l'existence (*wuğūd*) et de l'essence (*māhīya*) d'une chose. Cette distinction marque le début de la preuve de l'existence de l'Être nécessaire. Avicenne fut aussi à l'origine de plusieurs courants philosophico-mystiques et d'une réorganisation des rapports entre philosophie et *kalām*. Il mourut en 1037.

Al-Ghazālī

Abū Ḥāmid al-Ghazālī fait entendre la voix la plus forte de la critique théologique adressée au néoplatonisme et à l'aristotélisme des philosophes. Né en 1058 à Ṭūs, dans le nord de l'Iran actuel, il étudia le droit islamique et la théologie d'abord à Ṭūs, puis à Nīshāpūr, et enfin à Bagdad, où il reçut également une formation en philosophie. Le vizir seljoukide Niẓām al-Mulk le nomma professeur de droit dans la prestigieuse école de la Niẓāmīya, où il resta quatre années. Durant cette période, il parfait sa connaissance de la philosophie et compose sa principale œuvre dans ce domaine, *L'Incohérence des philosophes*. Celle-ci marque un tournant dans les relations entre philosophie et *kalām*. En effet, al-Ghazālī y dresse une critique radicale de la métaphysique et de la psychologie d'Avicenne, mais dans le même temps, il fait en sorte de rendre certaines des thèses d'Avicenne compatibles avec la théologie ash'arite, qu'il tient en très haute estime. Al-Ghazālī explique dans son autobiographie que sa vie entière fut dirigée par la recherche de la certitude. Il la poursuivit finalement auprès des cercles mystiques soufis et quitta Bagdad pour Damas, Jérusalem, La Mecque, et finalement Ṭūṣ, où il mourut en 1111.

Ibn Bāǧǧa

Ibn Bāǧǧa, nommé Avempace par les Latins, est un philosophe andalou, né à Saragosse entre 1085 et 1090. Saragosse était alors la capitale du royaume des Banū Hūd, dirigé par 'Imād al-Dawla jusqu'en 1110, puis par Ibn Tīfilwīt, et placé sous l'autorité des Almoravides.

Ibn Bāǧǧa, d'abord reconnu pour son talent poétique, devint vizir d'Ibn Tīfilwīt, mais Saragosse fut bientôt conquise (1118) par les troupes chrétiennes d'Alphonse Ier d'Aragon. Ibn Bāǧǧa prit alors la fuite et se réfugia auprès des Almoravides dans la partie orientale d'al-Andalus, où il vécut des temps difficiles. En effet, il avait de nombreux ennemis, dont le médecin Abū 'Alā' ibn Zuhr, et passa quelque temps en prison. Il demeura cependant par la suite dans le cercle des Almoravides, auprès desquels il exerça des fonctions officielles. En métaphysique, il est le père de la théorie des « formes spirituelles », qui englobe toute forme qui n'est pas jointe à une matière et qui ne peut être séparée d'une substance individuelle. En philosophie politique, il se démarque d'al-Fārābī dans *La Conduite de l'isolé* en soutenant que le philosophe peut atteindre le bonheur intellectuel alors même qu'il est « solitaire » car vivant dans une cité corrompue. Il mourut à Fès en 1139.

Abū al-Barakāt al-Baġdādī

Juif de naissance, il naît vers 1077 dans la région de Mawṣil (ancienne Mossoul), et devient médecin à la cour des califes de Bagdad. Il serait mort, selon plusieurs sources arabes, en même temps que le sultan seldjoukide Mas'ūd ibn Malikša, soit en 1153. Ibn Abī Uṣaibi'a, qui lui consacre une notice dans sa *Biographie des médecins*, souligne les rapports souvent difficiles qu'il entretint avec ses protecteurs, et sa rivalité avec le médecin Ibn al-Tilmīḏ. Il se convertit à l'islam sur le tard, conversion qui donne lieu à des interprétations diverses. La plus fréquemment reprise est celle d'un acte motivé par la peur de la persécution, alors que les études historiques actuelles montrent que les juifs de cette époque participaient sans problème à la vie sociale et scientifique, ce que confirme la biographie d'Abū al-

Barakāt, qui fut le médecin de plusieurs sultans et califes. Une autre hypothèse, émise par les historiens arabes, est celle d'une forte volonté d'ascension sociale de la part de celui qui se faisait appeler « l'Unique de son temps ». Dans son principal ouvrage, le *Livre de la réflexion personnelle*, Abū al-Barakāt entre dans un dialogue critique avec Avicenne sur des sujets aussi divers que la métaphysique, la philosophie naturelle et la science de l'âme. Les développements d'Abū al-Barakāt frappent par leur caractère novateur. Dans le domaine de la philosophie naturelle, avec Jean Philopon, il réfute la thèse selon laquelle le mouvement dans le vide est impossible. À la suite d'Avicenne, Abū al-Barakāt fonde la psychologie sur la conscience que l'homme a de lui-même mais, libéré de la notion aristotélicienne de l'âme divisée selon ses facultés, il en tire d'autres conclusions qu'Avicenne, et en premier lieu la certitude que l'homme a d'être un quand il pense, désire ou éprouve des sensations.

Ibn Ṭufayl

Ibn Ṭufayl est né près de Grenade entre 1110 et 1116, alors que la ville était encore sous l'autorité des Almoravides. Une génération le sépare d'Ibn Bāǧǧa, et il appartient à la même génération que Maïmonide et Averroès. Ibn Ṭufayl servit les Almohades lorsque ceux-ci parvinrent au pouvoir, et devint médecin et secrétaire du fils du calife al-Mu'mīn (1130-1163), puis auprès de son frère, devenu calife à son tour, Abū Ya'qūb Yūsuf (1163-1184). Ibn Ṭufayl était proche du calife. Il lui présenta de nombreux savants, dont Averroès, qui le remplaça comme médecin de cour en 1182. Le climat intellectuel était alors dominé en al-Andalus par quatre philosophes : al-Fārābī, Avicenne, al-Ghazālī et Ibn

Bāǧǧa. Ibn Ṭufayl choisit le genre du roman philosophique pour son œuvre principale, l'*Histoire de Ḥayy ibn Yaqẓān*. Il y relate le parcours initiatique du héros, Ḥayy ibn Yaqẓān, personnage emprunté à Avicenne, de sa naissance, son apprentissage du raisonnement, à ses efforts pour atteindre la connaissance de Dieu. Dans ce roman, l'influence du soufisme, alors très actif en al-Andalus, est manifeste. Ibn Ṭufayl mourut à Marrakech en 1185.

Suhrawardī

Né dans le village de Suhraward, au nord de l'Iran actuel, en 1154. Il étudia d'abord la philosophie d'Aristote et d'Avicenne avant de se tourner vers le platonisme. En 1183, après avoir longtemps voyagé en Anatolie et en Syrie du Nord, il s'établit à Alep, que Saladdin vient de conquérir et de donner à son fils al-Malik al-Ẓāhir. L'histoire raconte que Suhrawardī entra dans la ville en haillons, si bien qu'on le prit pour un conducteur d'âne[1]. Mais il devint rapidement un proche d'al-Ẓāhir, et écrivit sous sa protection son œuvre principale, *La Philosophie de l'illumination*, qu'il acheva en 1186. Suhrawardī ne tarda pas cependant à s'aliéner les élites religieuses d'Alep, sur lesquelles s'appuyait le pouvoir ayyoubide. Il fut finalement accusé d'hérésie et Saladdin ordonna son exécution. Il mourut probablement vers 1191. Sans doute influencé par la théorie de la hiérarchie de l'être d'al-Siǧistānī ou encore l'angélologie que l'on trouve sous la plume d'Abū al-Barakāt al-Baġdādī, il est le créateur du courant dit de l'« illumination », centré autour d'une métaphysique de la lumière et de l'obscurité. Sur le plan épistémo-

1. John Walbridge, « Suhrawardī », in *The Cambridge Companion to Arabic Philosophy*, *op. cit.*, p. 202.

logique, la philosophie de l'illumination défend la possibilité d'un contact mystique, grâce à l'intuition, avec les réalités suprêmes que sont les lumières immatérielles. Le versant mystique de la philosophie de la lumière ne doit pas faire oublier son important travail critique de la logique et de l'ontologie d'Avicenne, qui influença durablement les philosophes qui lui succédèrent.

Averroès (Ibn Rušd)

Né à Cordoue en 1126, Averroès appartient à une famille de juristes. Son grand-père était ainsi un juriste spécialiste du droit malikite qui occupa une fonction de juge (*qādī*) à la grande mosquée de Cordoue sous les Almoravides. Lorsque Averroès devient à son tour juge, les Almohades sont arrivés au pouvoir et l'orientation religieuse du nouveau régime est fixée par Ibn Tūmart, qui insiste sur la compréhension rationnelle que l'homme peut avoir de l'unicité divine. L'œuvre d'Averroès s'inscrit au croisement de cette tradition juridico-religieuse, d'une part, et de son interprétation des écrits des philosophes, au premier rang desquels Aristote et al-Fārābī, d'autre part. Entre 1179 et 1181, il écrit quatre ouvrages qui explorent le lien entre la philosophie et la religion, à travers le problème du statut légal de la philosophie : le *Traité décisif*, le *Dévoilement des méthodes de démonstration*, l'*Appendice* du *Traité décisif*, et enfin *L'Incohérence de l'incohérence.* Il attaque en premier lieu les thèses ash'arites, et dessine le programme d'une vaste exégèse philosophique. Outre les textes cités, l'œuvre philosophique d'Averroès décline de nombreux commentaires d'Aristote. Ceux-ci furent traduits en latin dès le XIIIe siècle par Michel Scot et Averroès devint ainsi une figure proéminente de la philosophie médiévale, d'abord par son travail de commentateur d'Aristote.

Maïmonide (Ibn Maymūn)

Né à Cordoue en 1135 (ou 1138), Maïmonide passa son enfance dans le riche climat intellectuel que connaissait alors al-Andalus, et qui vit l'émergence de figures telles qu'Ibn Bāǧǧa, Ibn Ṭufayl ou encore Averroès. Son père, rabbin, semblait nourrir un intérêt profond pour les sciences, comme les mathématiques et l'astronomie. L'arrivée des Almohades à Cordoue en 1148 marque la fin de cette période, en obligeant les non-musulmans à se convertir ou à quitter la région. La famille de Maïmonide fuit tout d'abord vers Fès, également sous domination almohade, puis vers la Palestine et enfin l'Égypte, où elle s'établit en 1165 à Fusṭāṭ, à proximité du Caire. Maïmonide passa le reste de sa vie à Fusṭāṭ, où il devint en 1185 le médecin à la cour de Saladdin. Il fut également le chef de la communauté juive d'Égypte et fut consulté sur des sujets tels que la conversion des juifs à l'islam. L'œuvre de Maïmonide est immense et couvre des domaines aussi différents que la médecine, la loi religieuse (avec notamment son commentaire de la *Mishna*, le code légal du judaïsme) ou la philosophie. Malgré cette profonde diversité, les écrits de Maïmonide forment un tout cohérent, et les ouvrages religieux ou même médicaux sont aussi traversés de discussions philosophiques. Dans le domaine philosophique, l'œuvre principale de Maïmonide est le *Guide des égarés*. Engagé dans un dialogue critique avec Aristote, Maïmonide y aborde notamment les problèmes des limites de la connaissance humaine, de la révélation, de l'éternité du monde ou encore de l'intelligibilité de la loi religieuse. Cet ouvrage aura une influence décisive sur la philosophie médiévale, et entre autres sur la philosophie de Thomas d'Aquin. Maïmonide meurt à Fusṭāṭ en 1204.

Ibn Khaldūn

Né en 1332 à Tunis dans une famille de haute noblesse arabe originaire du Hadramaout (Yémen), fils de lettré, il suivit une formation basée sur les sciences juridiques, religieuses et « intellectuelles » (astronomie et mathématiques), ainsi qu'un court enseignement de philosophie. Il perd sa famille lors de la grande peste qui frappa Tunis en 1348-1349. Il resta le survivant d'une famille au passé prestigieux, mais quasi disparue. Il en garde l'attachement à la grandeur et à la vie de cour, qui concurrencèrent toute sa vie ses ambitions intellectuelles. Après la mort de son père, il interrompt ses études et suit les troupes mérinides à Fès, où il devient secrétaire du souverain Abū 'Inān. Il passe alors quelques années dans l'orbite du pouvoir à Fès et Grenade, mais finit chaque fois chassé par des rivaux. Il se rend à Bougie, puis Tlemcen et Tunis. Le Maghreb se divise alors en de multiples principautés séparatistes, à l'inverse du pouvoir stable capable de fonder une capitale prospère auquel aspire Ibn Khaldūn[1]. Il finit par s'établir au Caire, capitale des Mamelouks, en 1382, et devient grand *qādī* (juge) malikite. Ibn Khaldūn est d'abord un autodidacte, dont le projet d'écriture historique se mit en place progressivement. Avec le *Livre des exemples*, histoire universelle, il fut l'inventeur d'une science nouvelle, qu'il a voulue « une science de la société humaine ». Comme il l'explique dans l'introduction théorique (la *Muqqadima*), il s'agit d'une histoire fondée sur des « exemples » et les enseignements qu'on en tire, qui introduisent une rationalité historique à l'intérieur du discours narratif.

1. Voir Gabriel Martinez-Gros, *Ibn Khaldûn et les sept vies de l'Islam*, Arles, Actes Sud, 2006, p. 17-18.

Repères chronologiques

	Événements politiques	Vie intellectuelle
750	Début de l'Empire abbasside.	
762	Fondation de Bagdad par le calife al-Manṣūr.	
813-833	Règne du calife al-Ma'mūn.	
vers 870		Mort d'al-Kindī.
901		Mort de Thābit ibn Qurra.
925		Mort d'al-Rāzī.
909-1171	Règne des Fatimides sur le Maghreb oriental et l'Égypte.	
932		Controverse entre Mattā ibn Yunūs et al-Sīrāfī.
936		Mort d'al-Aš'arī.
940		Mort de Mattā ibn Yunūs.
942		Mort de Saadia Gaon.
950		Mort d'al-Fārābī.
974		Mort de Yaḥyā ibn 'Adī.

	Événements politiques	**Vie intellectuelle**
979		Mort d'Abū Sa'īd al-Sīrāfī.
982-985		Miskawayh, *Traité d'éthique*.
992		Mort d'Abū al-Ḥassan al-'Āmirī.
1000		Mort d'al-Siğistānī.
v. 1023		Mort d'al-Tawḥīdī.
1029		Mort de Miskawayh.
1037		Mort d'Avicenne.
1055	Entrée des Turcs seldjoukides à Bagdad.	
1086-1147	Règne des Almoravides sur al-Andalus.	
1099	Prise de Jérusalem par la première croisade.	
1111		Mort d'al-Ghazālī.
v. 1125-1150		Jacques de Venise traduit Aristote.
1139		Mort d'Ibn Bāğğa.
1147-1269	Règne des Almohades sur al-Andalus.	
1153		Mort de Šahrastānī.
		Mort d'Abū al-Barakāt al-Baġdādī.
v. 1179-1181		Averroès, *Discours décisif*.
1185		*Dévoilement des méthodes de la démonstration*.
		Mort d'Ibn Ṭufayl.
1187	Saladdin reprend Jérusalem.	

	Événements politiques	Vie intellectuelle
1190		Maïmonide, *Guide des égarés*. Mort de Gundissalinus (date approximative).
1191		Mort de Suhrawardī.
1198		Mort d'Averroès.
1204		Mort de Maïmonide.
1212	Victoire des royaumes chrétiens d'Espagne sur les Almohades à la bataille de Las Navas de Tolosa.	
v. 1220	Début des invasions mongoles en Transoxiane.	Michel Scot traduit Averroès à Tolède.
1236	Prise de Cordoue par les troupes de Ferdinand III de Castille.	
1240		Mort d'Ibn 'Arabī.
1258	Prise de Bagdad par les Mongols. Fin du califat abbasside	
1270		Thomas d'Aquin, *Contre Averroès*.
1274		Mort de Naṣīr al-Dīn al-Tūsi.
1328		Mort d'Ibn Taymīya.
1375-1378		Ibn Khaldūn, *Muqqadima* ; *Livre des exemples*.
1399-1400	Tamerlan s'empare d'Alep et de Damas.	
1406		Mort d'Ibn Khaldūn.
1517	Prise du Caire par les Ottomans.	

Remerciements

Ce livre n'aurait pu voir le jour sans la volonté et le soin de ses éditrices, Laurence Devillairs et Camille Wolff-Dalem. Qu'il me soit permis de les remercier ici chaleureusement.

Je remercie également les nombreuses personnes qui ont contribué par leurs traductions à cet ouvrage, parmi lesquelles Sylvie Nony et Philippe Vallat, qui ont bien voulu que figurent certains de leurs textes encore non publiés, ainsi que Marwan Rashed et Charles Genequand, ce dernier m'ayant même fait parvenir sa traduction avant sa publication en 2010.

Je voudrais également remercier Julien Loiseau pour ses précieux conseils historiques, Peter Adamson pour ses judicieuses propositions de textes et Peter E. Pormann, qui m'a transmis avant leur publication les traductions en anglais des œuvres philosophiques d'al-Kindī, auxquelles lui-même et Peter Adamson ont patiemment travaillé.

Au cours de mon travail de traduction, j'ai bénéficié de l'aide de nombreux chercheurs et traducteurs de l'Institut français du Proche-Orient à Damas que je remercie sincèrement, en particulier Jamal Chehayed et Souheil Chebat qui n'ont pas ménagé leur peine.

Je voudrais enfin remercier les nombreuses personnes qui ont accepté de relire ce livre et d'y apporter leurs suggestions, en y occupant parfois leurs vacances normandes, leur séjour versaillais ou leur résidence damascène.

Table

Introduction 9

I. Logique et langage 33

1. La langue arabe obéit-elle à la logique reçue des Grecs ? 37
2. Logique, rhétorique et dialectique : l'*Organon* long 54
3. Philosophie et loi religieuse 64

II. Philosophie naturelle et psychologie 77

1. Sciences et philosophie 81
2. L'âme et le corps 95
3. Qu'est-ce que l'intellect ? 114

III. Métaphysique 125

1. Qu'est-ce que la métaphysique ? 129
2. Le monde est-il créé ou éternel ? 152
3. La causalité existe-t-elle ? 174

IV. Éthique 185

1. Comment la vertu peut-elle mener au bonheur ? 189
2. La vie philosophique est-elle ascétique ? ... 207
3. L'éthique a-t-elle une finalité politique ? ... 217

V. Philosophie politique 223
1. Comment gouverner ?
Les moyens de la science politique 227
2. Religion et philosophie politique :
qui doit organiser la cité ? 238
3. Le philosophe dans la cité imparfaite 252

Orientation bibliographique 269

Notices biographiques 275

Repères chronologiques 291

Remerciements 295

Dans la même série

Ricœur
Textes choisis et présentés par Michaël Fœssel
et Fabien Lamouche
2007

La Bible
Textes choisis et présentés par Philippe Sellier
2008

Pascal
Textes choisis et présentés par Philippe Sellier
2009

Spinoza
Textes choisis et présentés par Frédéric Manzini
2010

Kant
Textes choisis et présentés par Michaël Fœssel
et Fabien Lamouche
2010

Barthes
Textes choisis et présentés par Claude Coste
2010

RÉALISATION : NORD COMPO À VILLENEUVE-D'ASCQ
IMPRESSION : NORMANDIE ROTO IMPRESSION S.A.S. À LONRAI
DÉPÔT LÉGAL : MARS 2011. N° 97884 (110595)
IMPRIMÉ EN FRANCE